Michel

# THEOLOGISCHES FORUM

Texte für den Religionsunterricht

Herausgegeben von Werner Trutwin

9

# *POLITISCHE ETHIK*

Ausgewählt und bearbeitet
von
Hubertus Assig und Werner Trutwin

*Für Johann Baptist Metz, den Freund und Lehrer*

PATMOS VERLAG DÜSSELDORF

THEOLOGISCHES FORUM

Heft 1: Gespräch mit dem Atheismus (Neubearbeitung)

Heft 2: Reden von Gott (Neubearbeitung)

Heft 3: Der Anspruch Jesu (Neubearbeitung)

Heft 4: Religion und Wissenschaft (Neubearbeitung)

Heft 5: Frieden auf Erden

Heft 6: Verantwortete Sexualität

Heft 7: Juden und Christen

Heft 8: Weltreligionen

Heft 9: Politische Ethik

Heft 10: Die zukünftige Welt

Heft 11: Kirche und Demokratie

Heft 12: Wege zur Bibel

Heft 13: Glück und Heil

Heft 14: Neues Bewußtsein — Neue Religiosität

Heft 15: Menschenbilder

Heft 16: Die Kirche

Heft 17: Gebet und Meditation

Die Hefte Nr. 1, 2, 3, 5, 6, 7, 9, 12, 13, 14, 15 erscheinen als Lizenzausgabe
für den evangelischen Religionsunterricht unter dem Reihentitel ,,Befragter Glaube"
im Verlag Vandenhoeck & Ruprecht, Göttingen

*Arbeitshefte* liegen vor zu: Nr. 1, 3, 5, 6


Auflage 10 9 8 / 80 79 78
Umschlaggestaltung: Paul A. Wohlrab
ISBN 3-491-75159-4
Druck: Offset-Team Zumbrink, Bad Salzuflen

## INHALT

# VORWORT

Der 1969 von den deutschen Bischöfen genehmigte Rahmenplan für den Religionsunterricht an den Gymnasien in der BRD weist mit Nachdruck darauf hin, daß es ein Ziel des Religionsunterrichtes in der Oberstufe – heute müßte man sagen: Sekundarstufe II oder Kollegschule – sein müsse, einem privatisierenden Glaubensverständnis zu begegnen, das offenbar bis auf den heutigen Tag weit verbreitet ist. Das solle dadurch geschehen, daß einmal das Dasein-für-andere bis in seine gesellschaftlichen Bezüge als Kennzeichen des Christlichen verstanden wird und daß weiter der Bereitschaft vieler Schüler zu politischem Engagement christliche Motive und Perspektiven geboten werden (vgl. Rahmenplan S. 55 ff.). Damit ist eine Aufgabe genannt, die zumindest wesentlicher Teilbereich einer „Politischen Ethik" ist, die zu lehren und einzuüben Sache der Schule insgesamt und damit auch eines schulischen Religionsunterrichtes ist. Der Religionsunterricht bietet sich als THEOLOGISCHES FORUM dazu an, sich an dieser fächerübergreifenden Aufgabe zu beteiligen. Hier sind unterschiedliche und auch gegensätzliche Begründungsversuche für eine politische Ethik zu reflektieren und die daraus resultierenden Konsequenzen zu erkennen. Hier kann der Schüler Alternativentwürfe zu einer politischen Ethik kennenlernen und diese konfrontieren mit politischem Denken und Handeln, das sich vom biblischen Glauben herleitet und in einer politischen Theologie entfaltet wird.
Der vorliegende Band des THEOLOGISCHEN FORUMS greift diese Aufgabe auf. Er versucht, den engen Zusammenhang zwischen politischer Ethik und politischer Theologie aufzuzeigen, und zwar nicht nur als neuere theologische Aussage, sondern auch in Beispielen aus der Bibel und der Kirchengeschichte. Auf diese theoretische und historische Fundierung des Themas folgt eine Phänomenologie politischer Tugenden, die nicht aus einem klassischen Tugendkanon deduziert werden, sondern auf heutige gesellschaftliche und politische Prozesse bezogen sind. Die Texte sind den Schriften heutiger Dichter, Soziologen, Philosophen und Theologen entnommen. Wichtig erschienen auch einige Konkretionen des Themas, die hier in exemplarischer Weise für drei Bereiche aufgezeigt werden: für Kirche, Gesellschaft und Wirtschaft. Diese Konkretionen wollen für den Unterricht nur Anregungen sein und natürlich in keiner Weise den Eindruck erwecken, als handle es sich hier um eine auch nur einigermaßen vollständige Aufzählung politisch-ethischer Probleme heute. Wenn schon eine abgerundete Systematik oder Vollständigkeit nicht möglich war, so sollte doch durch die Anregungen zu Konkretionen die Gefahr einer zu großen theologischen Abstraktion vermieden werden.

Es sei noch darauf hingewiesen, daß das Thema hier nicht als ein isoliertes unter vielen anderen verstanden wird, das neben anderen auch einmal behandelt werden sollte. Gesichtspunkte zu einer politischen Ethik kommen in allen Heften des THEOLOGISCHEN FORUMS vor. Am unmittelbarsten geschieht das wohl in Band 5 „Frieden auf Erden" (mit der Thematik Aggression, Krieg, Gewalt, Revolution u. a.), Band 6 „Verantwortete Sexualität" (gesellschaftliche Aspekte, Emanzipation, Normenfrage u. a.) sowie in Heft 10 „Die zukünftige Welt" (Zukunftentwürfe der Politik, philosophische Utopien, Engagement des Glaubens für eine bessere Welt, Hoffnung u. a.). Viele der dort aufgenommenen Texte könnten auch in den Bereich dieses Heftes sinnvoll aufgenommen werden. Eine Ergänzung durch Texte dieser Hefte empfiehlt sich für den Unterricht auf jeden Fall. Aber auch alle anderen Hefte bieten dazu Material. Ebenfalls werden die weiteren, noch in Arbeit befindlichen Hefte, z. B. zu den Arbeitstiteln „Kirche und Demokratie" und „Glück und Heil", weitere Texte zur politischen Ethik enthalten.
So sollen die Schüler allmählich lernen, auf menschenwürdige Weise in Anpassung und Widerstand in einer Welt ständiger Veränderung zu leben. Sie sollen die Gefahren erkennen, die für das Individuum aus den global gesteuerten Manipulationen und von den gesellschaftlichen Zwängen her kommen. Schließlich sollen sie Entscheidungskriterien für Konfliktfälle finden können und lernen, sich verantwortlich zu wissen für politische Entscheidungen in einer Welt, die weithin deshalb so katastrophenanfällig ist, weil sie die elementaren Menschenrechte mißachtet. Diese zu begründen und an diese zu erinnern, war von jeher Sache des biblischen Glaubens und Aufgabe der christlichen Kirchen.
Die Texte evangelischer und katholischer Theologen haben keinen kirchenamtlichen Charakter. Sie repräsentieren durchaus nicht immer die Lehre ihrer Kirche. Erst recht sollen sie nicht immer einen Konfessionsstandpunkt zur Geltung bringen. Sie wurden ausgewählt, weil sich in ihnen theologische Überlegungen finden, die von grundsätzlicher Bedeutung sind oder die zumindest heute in der Öffentlichkeit diskutiert werden. Der Band ist dem Freund und Lehrer Johann Baptist Metz gewidmet, der mit seinen Arbeiten zur politischen Theologie den Bearbeitern des Heftes wichtige Anregungen gegeben hat.
Fast alle Texte sind Auszüge aus größeren Aufsätzen oder aus Büchern. An manchen Stellen waren Kürzungen notwendig. Sie sind jeweils durch Punkte (...) gekennzeichnet. Gelegentlich wurde die Schreibweise angeglichen. Die Reihenfolge in der Auswahl bedeutet keine Wertung. Sie will nicht den Gang des Unterrichts festlegen.
Der Band bietet Anregungen zu unterschiedlicher Arbeit. Die einzelnen Stücke ermöglichen textgebundene Interpretationen, Formen des freien Unterrichtsgesprächs und Gruppenarbeit.
Kritik und Anregungen sind den Bearbeitern willkommen.

Bonn, im September 1971

*Werner Trutwin*

# I. POLITISCHE ETHIK IM HORIZONT POLITISCHER THEOLOGIE

Bertolt Brecht: *Das Wiedersehen*

Ein Mann, der Herrn K. lange nicht gesehen hatte, begrüßte ihn mit den Worten: „Sie haben sich gar nicht verändert." – „Oh!" sagte Herr K. und erbleichte.

## 1. JOHANN BAPTIST METZ

### *Das Programm der „politischen Theologie"*

„Politische Theologie" – der Begriff ist mehrdeutig und darum nicht unmißverständlich. ... Ich verstehe politische Theologie einmal als kritisches Korrektiv gegenüber einer extremen Privatisierungstendenz gegenwärtiger Theologie. Ich verstehe sie gleichzeitig positiv als Versuch, die eschatologische Botschaft unter den Bedingungen unserer gegenwärtigen Gesellschaft zu formulieren.

1. Um die Funktion der politischen Theologie als *kritisches Korrektiv* innerhalb der gegenwärtigen Theologie zu erläutern, beginne ich mit einer kurzen *historischen Reflexion*.

Schon im Bewußtsein der frühen Aufklärung in Frankreich zerbricht die selbstverständliche Einheit und Zuordnung von Religion und Gesellschaft, von religiöser und gesellschaftlicher Existenz. Die christliche Religion erscheint im Verhältnis zu ihrer gesellschaftlichen Mitwelt erstmals als partikular. Der Universalitätsanspruch erweist sich dadurch als geschichtlich bedingt. An diese Problematik knüpft die Religionskritik der Aufklärung und später die des Marxismus unmittelbar an; diese Kritik nimmt von Anfang an jene Gestalt an, die sie bis heute trägt: Sie ist Religionskritik als Ideologiekritik, d. h., sie sucht Religion zu entlarven als Funktion, als ideologischen Überbau über bestimmte gesellschaftliche Praxen und Machtverhältnisse. Sie sucht unter dem Stichwort des falschen Bewußtseins das religiöse Subjekt zu dechiffrieren als die ihrer selbst nicht oder noch nicht bewußte Gesellschaft. Eine Theologie, die dieser Kritik zu antworten sucht, muß notwendig die gesellschaftlich-politischen Implikationen ihrer Vorstellungen und Begriffe mitentfalten. An einer solchen Gestalt der theologischen Verantwortung scheitert aber – so muß hier in kühner Verkürzung gesagt werden – die klassische metaphysische Theologie. Denn ihre Begriffe und Kategorien unterstellen die grundsätzliche Problemlosigkeit des Verhältnisses von Religion und Gesellschaft, von Glaube und gesellschaftlicher Praxis. Solange diese Voraussetzung besteht, kann eine rein metaphysische Interpretation der Religion durchaus auch gesellschaftlich relevant sein; und sie war es z. B. in den hohen Gestalten mittelalterlicher Theologie. Wo indes diese Einheit zerbricht, gerät diese metaphysische Theologie als theoretischer Anwalt des anhängenden Prozesses zwischen christlicher Heilsbotschaft und gesellschaftlich-politischer Wirklichkeit in die radikale Krisis.

Die in der neueren Zeit vorherrschende Theologie, also die Theologie in ihrer transzendentalen, existentialen und personalistischen Orientierung, hat diese durch die Aufklärung geschaffene Problemsituation durchaus wahrgenommen. Ja, sie ist in einem gewissen Sinne als Reaktion auf diese Situation entstanden. Doch diese Reaktion bestand bei ihr zumeist darin, daß sie die in Frage stehende gesellschaftliche Dimension der christlichen Botschaft heimlich oder offen als uneigentlich, als sekundär behandelte, kurzum, daß sie diese Botschaft in ihrem Kern privatisierte und die Praxis des Glaubens auf die weltlose Entscheidung des einzelnen reduzierte. Diese Theologie sucht das Problem, das durch die Aufklärung entstanden ist, dadurch zu lösen, daß sie es eliminiert. Sie sucht die Aufklärung zu überwinden, ohne durch sie wirklich hindurchgegangen zu sein. Für das von dieser Theologie geprägte religiöse Bewußtsein hat nämlich die gesellschaftlich-politische Wirklichkeit nur ein verschwindendes Dasein. Die in dieser Theologie vorherrschenden Kategorien zur Auslegung der Botschaft sind vorzüglich Kategorien des Intimen, des Privaten, des A-Politischen. Die Liebe, wie alle Phänomene des Zwischenmenschlichen, werden zwar emphatisch herausgestellt, sie kommen jedoch von vornherein und wie selbstverständlich nur in ihrer privaten, entpolitisierten Gestalt zur Geltung: als Ich-Du-Beziehung, als interpersonales Begegnungsverhältnis oder als Nachbarschaftsverhältnis. Die Kategorie der Begegnung dominiert. Als eigentliche religiöse Aussageweise gilt die zwischenpersonale Anrede, als eigentliche religiöse Erfahrungsdimension gilt die Spitze der freien Subjektivität des einzelnen oder die unverfügbare, sprachlose Mitte der Ich-Du-Beziehung. Den heute vorherrschenden Formen der transzendentalen, existentialen und personalistischen Theologie scheint eines gemeinsam zu sein: der Trend zum Privaten.

Die damit bezeichnete Privatisierungstendenz soll noch kurz erläutert werden durch einen Blick auf die Aussageform der christlichen Heilsbotschaft und deren Interpretation im Horizont dieser modernen Theologie. Es ist bekannt, daß die Evangelien keine Biographie Jesu im geläufigen Sinne bieten wollen. Die Nachrichten über Jesus gehören nicht in die Gattung der biographischen Privataussagen, sondern in die Gattung der öffentlichen Proklamation. Die exegetischen Arbeiten der sogenannten „Formgeschichte" haben die Evangelien selbst als vielschichtigen Verkündigungstext erwiesen. Ich sehe nun ein gewisses Verhängnis darin, daß diese Einsichten und Entdeckungen der Formgeschichte sofort mit den Kategorien des theologischen Existentialismus und Personalismus ausgelegt wurden. Dadurch wurde nämlich das Verständnis der Verkündigung von vornherein privatisiert und gewissermaßen existentiell intimisiert. Das Wort der Verkündigung wurde verstanden als reines Anredewort, als Wort der personalen Selbstmitteilung Gottes, nicht aber als Wort einer gesellschaftsbezogenen Verheißung. Die Hermeneutik der existentialen Interpretation des Neuen Testaments bewegt sich im Zirkel des privaten Ich-Du-Verhältnisses. Hier scheint deshalb eine kritische Entprivatisierung des Verständnisses der Grundlagen unserer Theologie vonnöten. *Diese Entprivatisierung ist die primäre theologiekritische Aufgabe der politischen Theologie.*

...

Natürlich gibt es in der Botschaft des Neuen Testaments eine legitime Individualisierung, eine Individualisierung des einzelnen vor Gott, die als Grundpointe der neutestamentlichen Botschaft – vor allem in ihrer paulinischen Tradition – betrachtet werden kann. Dies soll durch die geforderte Entprivatisierung auch nicht in Frage gestellt werden. Im Gegenteil! Denn die Theologie gerät ja gerade durch die genannte Privatisierungstendenz in die Gefahr, den von ihr angerufenen einzelnen in seiner Existenz zu verfehlen. Diese Existenz ist nämlich heute in höchstem Maße in die gesellschaftlichen Mobilitäten verflochten, und jede existentiale und personale Theologie, die die Existenz selbst nicht als ein politisches Problem im weitesten Sinne des Wortes begreift, bleibt gegenüber der existentiellen Situation des einzelnen heute abstrakt. Weiterhin steht die Theologie durch eine solche privatisierende Tendenz in der Gefahr, den Glauben gerade unkritisch und unkontrolliert modernen gesellschaftlich-politischen Ideologien auszuliefern. Und schließlich nimmt eine kirchliche Religion, die sich im Horizont solcher privatisierender Theologie versteht, immer mehr die Züge einer „unverbindlichen Maßgeblichkeit" an, „die insofern maßgeblich ist, als niemand sie anstößt und viele sich immer noch beeindrucken lassen, die aber folgenlos dasteht, indem keine Impulse von ihr ausgehen außer in der Richtung der eigenen Reproduktion" (Gehlen).

2. Hier zeigt sich nun die *positive Aufgabe* der politischen Theologie: Sie sucht das Verhältnis zwischen Religion und Gesellschaft, zwischen Kirche und gesellschaftlicher Öffentlichkeit, zwischen eschatologischem Glauben und gesellschaftlicher Praxis neu zu bestimmen – nicht vorkritisch, mit der Absicht auf eine neue Identifizierung beider Wirklichkeiten, sondern nachkritisch. ... Ich entfalte deshalb kurz die Eigenart dieser Situation und ihrer Verstehensbedingungen wie die Eigenart der biblischen Botschaft, durch welche diese politische Reflexion der Theologie bestimmt wird.

a) Die *Ausgangssituation* der theologischen Reflexion heute sei erläutert durch eine Fragestellung, die wiederum schon durch die Aufklärung formuliert wurde und die zumindest seit Marx unausweichlich geworden ist. In verkürzter Form läßt sich diese Fragestellung so skizzieren: Aufgeklärt ist nach Kant, wer die Freiheit hat, von seiner Vernunft in allen Stücken einen öffentlichen Gebrauch zu machen. Die Realisierung solcher Aufklärung ist darum nie ein rein theoretisches Problem, sie ist wesentlich ein politisches Problem, ein Problem der gesellschaftlichen Praxis, das heißt, sie ist an gesellschaftlich-politische Voraussetzungen gebunden, unter denen Aufklärung allein möglich ist. Aufgeklärt ist nur, wer *zugleich* um die Herstellung jener gesellschaftlich-politischen Voraussetzungen kämpft, von denen es abhängt, ob ein öffentlicher Gebrauch der Vernunft möglich ist. Wo deshalb Vernunft auf politische Freiheit gestellt ist, wo daher theoretisch-transzendentale Vernunft innerhalb der praktischen Vernunft erscheint und nicht umgekehrt, ist eine Entprivatisierung dieser Vernunft unumgänglich. Und jede noch so überanstrengte „reine Theorie" erweist sich als Rückfall in ein vorkritisches Bewußtsein. Der kritische Anspruch des Subjektes kann nun nämlich nicht mehr „rein theoretisch" durchgehalten werden. Ein neues Verhältnis von Theorie und

Praxis, von Wissen und Moral, von Reflexion und Revolution ist wirksam, das auch das theologische Bewußtsein bestimmen muß, wenn dieses nicht auf eine frühere vorkritische Stufe des Bewußtseins zurückfallen soll. Die praktische und – im weitesten Sinne des Wortes – politische Vernunft muß künftig an allen kritischen Reflexionen der Theologie beteiligt sein.

...

Damit ist die Aufgabe der politischen Reflexion in der Theologie kurz gekennzeichnet, wie sie aus der gegenwärtigen Situation sichtbar wird. Sie hat nach allem Gesagten nichts zu tun mit einer reaktionären Neopolitisierung des Glaubens; sie hat aber alles zu tun mit der Entfaltung der gesellschaftlichen Potenz dieses Glaubens.

b) Aber auch die *biblische Tradition* selbst zwingt zu einer solchen „zweiten Reflexion" auf das Verhältnis von eschatologischem Glauben und gesellschaftlicher Praxis. Warum? Das Heil, auf das sich der christliche Glaube in Hoffnung bezieht, ist kein privates Heil. Die Proklamation dieses Heils trieb Jesus in einen tödlichen Konflikt mit den öffentlichen Mächten seiner Zeit. Sein Kreuz steht nicht im Privatissimum des individuell-persönlichen Bereichs, es steht auch nicht im Sanctissimum eines rein religiösen Bereichs, es steht jenseits der Schwelle des behüteten Privaten oder des abgeschirmten rein Religiösen: Es steht „draußen", wie die Theologie des Hebräerbriefes formuliert. Der Vorhang des Tempels ist endgültig zerrissen. Das Ärgernis und die Verheißung dieses Heils sind öffentlich. Diese Öffentlichkeit kann nicht zurückgenommen, aufgelöst oder beschwichtigt werden. Sie begleitet den geschichtlichen Weg der Heilsbotschaft. Und im Dienste dieser Botschaft ist der christlichen Religion eine kritische und befreiende Gestalt öffentlicher Verantwortung aufgetragen.

„Alle Autoren des Neuen Testaments sind der Überzeugung, daß Christus nicht eine Privatperson und die Kirche nicht ein Verein ist. So haben sie auch von der Begegnung Jesu Christi und seiner Zeugen mit der politisch-staatlichen Welt und ihren Instanzen berichtet. Keiner hat diese Begegnung so grundsätzlich verstanden wie der Evangelist Johannes. Er sieht schon im allgemeinen die Geschichte Jesu als einen Prozeß, den die von den Juden repräsentierte Welt gegen Jesus führt beziehungsweise zu führen meint. Dieser Prozeß kommt aber zum öffentlichen richterlichen Austrag vor Pontius Pilatus, dem Vertreter des römischen Staates und Inhaber der politischen Gewalt" (Schlier). Auf diese Szene zieht sich die Komposition der Leidensgeschichte bei Johannes zusammen, wenn man sie eben nicht mit bultmannschen Augen liest. Die Szene, da Jesus vor Pilatus steht, trägt typische Züge.

Die Rede von der politischen Theologie sucht in der gegenwärtigen Theologie das Bewußtsein zu reklamieren vom anhängenden Prozeß zwischen der eschatologischen Botschaft Jesu und der gesellschaftlich-politischen Wirklichkeit. Sie betont, daß das von Jesus verkündete Heil zwar nicht in einem naturhaft-kosmologischen Sinn, wohl aber in einem gesellschaftlich-politischen Sinne bleibend weltbezogen ist: als kritisch befreiendes Element dieser gesellschaftlichen Welt und ihres geschichtlichen Prozesses. Die eschatologischen Verheißungen der

biblischen Tradition – Freiheit, Friede, Gerechtigkeit, Versöhnung – lassen sich nicht privatisieren. Sie zwingen immer neu in die gesellschaftliche Verantwortung hinein.
Gewiß, diese Verheißungen sind mit keinem gesellschaftlichen Zustand einfach identifizierbar, wie immer wir ihn von uns aus bestimmen und beschreiben mögen. Die Geschichte des Christentums kennt solche direkte Identifikationen und direkte Politisierungen zur Genüge. In ihnen wird jedoch jener „eschatologische Vorbehalt" preisgegeben, durch den jeder geschichtlich erreichte Status der Gesellschaft in seiner Vorläufigkeit erscheint. Wohlgemerkt, in seiner Vorläufigkeit, nicht in seiner Beliebigkeit! Denn dieser „eschatologische Vorbehalt" bringt uns nicht in ein verneinendes, sondern in ein kritisch-dialektisches Verhältnis zur gesellschaftlichen Gegenwart. Die Verheißungen, auf die er sich bezieht, sind nicht ein leerer Horizont religiöser Erwartung, sie sind nicht bloß eine regulative Idee, sondern ein kritisch befreiender Imperativ für unsere Gegenwart, sie sind Ansporn und Auftrag, sie unter den geschichtlichen Bedingungen der Gegenwart wirksam zu machen und sie so zu „bewahrheiten"; denn ihre Wahrheit muß „getan" werden.

## 2. HANS MAIER

### *Anfrage an die politische Theologie*

Der Begriff politische Theologie *(theologia politiké, theologia civilis)* stammt aus der griechisch-römischen Antike. Christlich verstanden, meint er die unerlaubte ‚Theologisierung' existierender Staats- und Gesellschaftsformen, ihre religiöse Verklärung (oder wie die Väter sagen würden: Vergötzung) im Sinn eines Ineinander von Staatlichem und Göttlichem, Kult und Politik. Solches Ineinander ist dem antiken Menschen ein selbstverständliches Denk- und Empfindungsmuster, lebt er doch in einer Welt, in der Staat und Götter konstitutiv zusammengehören, in der es keinen gottlosen Staat und keine staatlose Gottheit geben kann. Polis und civitas sind im antiken Verständnis religiöse Begriffe. Beide haben göttliche Qualität. Erst das Christentum durchbricht den Zusammenhang theologisch-politischer Immanenz durch seinen welttranszendenten Gottesbegriff, und dementsprechend kommt es in der christlichen Zeit zu einer Kritik an der politischen Theologie. Neben die civitas, die selbst die Kirche ihrer Religion ist, tritt jetzt die christliche Gemeinde als Gottesvolk der Erlösten, die dem Kaiser den Götterkult verweigert und dadurch die Krise der antiken ‚theopolitischen' Religiosität heraufbeschwört.
Augustin hat in seiner *civitas Dei* den psychologischen Grundvorgang der Immanentisierung des Göttlichen an Varros *theologia civilis* erläutert und dabei auf die Unentrinnbarkeit dieser Denkfigur für die antike Religiosität hingewiesen: Die Götter sind hier nur vergrößerte Abbilder des Menschen, sie besitzen ein weltimmanentes, kein transzendentes Sein. Gleichzeitig hat Augustin den blei-

benden Vorbehalt des Christen gegenüber einer Theologisierung politischer Institutionen, ja gegenüber der Theologisierung der Welt schlechthin formuliert, wenn er seine Leser fragt: „Warum wollen sie (die Heiden), daß die Erde eine Göttin sei? Etwa weil sie fruchtbar ist? Warum sind dann aber nicht eher die Menschen Götter, die die Erde durch den Anbau noch fruchtbarer machen – freilich indem sie sie pflügen und nicht anbeten?"

Alle Formen politischer Theologien, auch die christlichen in ihrer verschiedenen geschichtlichen Gestalt, haben sich die augustinische Kritik gefallen lassen müssen, sie seien theologische Transfigurationen höchst weltlicher Mächte und Erscheinungen, Ausdruck heidnisch-numinöser Selbstvergötterung, Symbole einer in sich verkehrten und verfangenen Weltlichkeit. Die Geschichte der politischen Theologie im christlichen Zeitalter ist daher zugleich die Geschichte ihrer fortwährenden Destruktion. So scheiterte die Lehre von der göttlichen Monarchie am trinitarischen Dogma. Die Interpretation der *Pax Augusta* im Sinn eines ewigen Friedens fand ihre Grenze an der christlichen Eschatologie. Der christliche Kaiser des Mittelalters verlor im Investiturstreit seine numinose Qualität. In der Neuzeit wurden nacheinander die monarchische Geschichtstheologie Bossuets und ihr Gegenstück, die theologische Demokratielehre der Konstitutionalisten in der Französischen Revolution, entzaubert. Darin wird aber deutlich, daß das Politische im christlichen Äon nicht einen beliebigen theologischen Rang hat, daß es nicht ohne weiteres, wie in der Antike, den Daseinssinn des Menschen bestimmen und beherrschen kann, daß es vielmehr in die Verweltlichung der Welt einbezogen ist, daß es als Nicht-Absolutes, als Vor-Letztes für den Christen Dienst- und Instrumentalcharakter gewinnt. In diesem Sinn war John Locke, als er gegenüber der überlieferten theokratischen Doktrin das *civil government* proklamierte, ein guter Christ; in diesem Sinn ist eine politische Theologie *post Christum natum* ein problematisches Unterfangen, weil sie Gefahr läuft, antike oder jüdische Positionen zu repristinieren, die der christliche Glaube aufgelöst oder eingeschmolzen hat. Politische Theologie, beim Wort genommen, würde auf eine Inthronisierung der Politik als der leitenden, sinngebenden Instanz des Menschen hinauslaufen. Der Christ soll aber, nach Augustin, diese Welt, auch die politische, nicht ‚anbeten', sondern ‚pflügen', das heißt erkennen und konstruktiv weiterbilden.

Nun könnte man vom Standpunkt der Metzschen Theologie einwenden, dieses Argument treffe nur die überlieferte Form politischer Theologie, nicht aber jene Form, die Metz in seinen Thesen entwickelt. Denn diese stehen ja gerade, im Unterschied zum überlieferten Verständnis des Begriffs, auf dem Hintergrund einer konsequent entfalteten Theologie der ‚weltlichen Welt'; sie begreife sich selbst als Produkt der Scheidung von Glaube und gesellschaftlicher Praxis. In der Tat wehrt Metz immer wieder „direkte Identifikationen", „direkte Politisierungen der christlichen Verheißungen" ab, weil sie jenen ‚eschatologischen Vorbehalt' preisgeben, der jeden geschichtlichen Status der Gesellschaft als etwas Vorläufiges relativiert. Überhaupt scheint politische Theologie für ihn weniger ein Material- als ein Formalprinzip zu sein. Ihre Pointe liegt nicht in einer wie immer gearteten

Theologisierung des Politischen, sondern im Hermeneutisch-Kritischen: sie dient als Korrektiv gegenüber einer Auslegungstendenz moderner Theologie, die den Sinn der christlichen Botschaft verengt, indem sie ihn privatisiert und individualisiert. Der Verfasser betont mit Recht, daß das christliche Heil kein privates Heil sei, daß es vielmehr ‚draußen' stehe im Raum der Gesellschaft, daß seine Verkündigung immer aufs neue in die gesellschaftliche Verantwortung zwinge und im Grenzfall in den Konflikt mit der existierenden Gesellschaft führe. Wer wollte ihm hier nicht zustimmen?

Doch muß zugleich gefragt werden, ob es nötig war, zur Erklärung dieses Sachverhalts den mißverständlichen Begriff der politischen Theologie zu bemühen. Denn dieser besagt ja eigentlich das Gegenteil dessen, was Metz meint: eben nicht Konflikt, eschatologischen Vorbehalt, Voraus-Sein der christlichen Botschaft vor zeitlich-partikularen gesellschaftlichen Formen, sondern gerade die Identifizierung mit ihnen; also das, was Metz selbst die „reaktionäre Neopolitisierung des Glaubens" nennt. Das wird sichtbar bei der Deutung der Gerichtsszene, in der Jesus vor Pilatus steht. Sie ist in der Tat – hier stimme ich dem Verfasser zu – zentral für das Verständnis von christlichem Heil und Gesellschaft. Aber sie kann nicht, wie Metz meint, ein Modell sein für eine politische Theologie: der tödliche Konflikt Jesu mit den öffentlichen Mächten seiner Zeit entsteht ja gerade aus einer Weigerung, die Denkschemata der römischen oder jüdischen politischen Theologie seiner Zeit zu übernehmen, das Politische als das Absolute anzuerkennen, die Entscheidung über seine Heilsbotschaft dem richterlichen Austrag irdischer Gewalten zu überantworten, sie im *öffentlichen* Scheitern als *geschichtlich gescheitert* hinzunehmen. „Du hättest keine Macht über mich, wenn sie dir nicht von oben herab gegeben wäre" (Joh 19,11). „Mein Reich ist nicht von dieser Welt" (Joh 18,36).

Von hier aus gesehen, könnte ich mich wohl mit dem *Inhalt* der Metzschen Thesen identifizieren, soweit diese auf die öffentliche, eschatologische Dimension der christlichen Botschaft zielen und sich gegen Privatisierungstendenzen der Auslegung richten; ich hätte freilich gegen den *Begriff* der politischen Theologie den Einwand, daß er diesen Gedanken leicht vermeidlichen Mißverständnissen aussetzt, ja ihn ins Gegenteil zu verkehren droht. Das Problem läge also in der problematischen begrifflichen Fassung einer richtigen Einsicht, und man wäre über die Schwierigkeiten hinweg, wenn man für „politische Theologie" den in der französischen Theologie geläufigen Begriff der „théologie publique" einsetzte: das Wort verstanden im Sinn stärkerer Betonung des Öffentlichkeitscharakters der christlichen Botschaft, als theologische Gegenthese zu Kierkegaards „Einzelnem" und seinem Pathos religiöser Innerlichkeit.

## 3. EDWARD SCHILLEBEECKX

### Die gesellschaftsutopische Funktion des Evangeliums und der Kirche

Ich meine sagen zu sollen, daß die Botschaft des Evangeliums einerseits kein gesellschaftspolitisches Handlungsprogramm enthält, aber andererseits indirekt, nämlich in der Art „Utopie", gesellschaftspolitisch bedeutsam ist. Wie aber soll man das sehen? Die Botschaft des Evangeliums von der christlichen Zukunftserwartung bietet die anregende Möglichkeit, über den gegenwärtigen Stand der Dinge jeweils hinauszukommen. Sie ist eine *Kritik* an dieser Lage: an weltlichen Einrichtungen, gesellschaftlichen Strukturen und der in ihnen herrschenden Mentalität. Sie mahnt denn auch, diesen Zustand überall zu verbessern, und darüber hinaus gibt sie uns die feste Überzeugung, daß der Aufbau einer menschenwürdigen Welt positiv möglich ist.
Das Wort von der „Utopie", aufgrund deren Kritik an der Gesellschaft möglich ist, darf uns hier nicht befremden oder erschrecken. Geschichtlich ist es ja Tatsache, daß die meisten „Menschenrechte", die heute (wenigstens grundsätzlich) allgemein anerkannt werden, anfangs, als sie zum erstenmal ins Gespräch gebracht wurden, fast alle Stück für Stück vom breiten Volk als unrealistische, utopische Wunschträume einiger Sonderlinge angesehen wurden. Die zwingende gesellschaftliche Rolle von „Utopien" ist tatsächlich eine geschichtliche Tatsache: Die Menschheit glaubt an das menschlich Unmögliche. Die Zukunft, um die es uns geht, ist zudem nicht nur die Erfüllung vager Wunschträume, sondern eine in Jesus Christus zugesagte und in der Geschichte sich verwirklichende gnadenvolle Möglichkeit für den Menschen. Hinsichtlich des gesellschaftspolitischen Lebens erfüllen also die christliche Zukunftserwartung und die Bergpredigt geschichtlich die Rolle einer wirkenden „Utopie", die beständig einen Druck auf die ganze Gesellschaftspolitik ausübt. Wenn wir diese christliche Tatsache nun in den Erfahrungen der Menschheit ihre Aufgabe erfüllen lassen, vor allem in jenen, die wir Kontrasterfahrungen genannt haben, aus denen vor allem die neuen ethischen Imperative wachsen, dann wird klar, daß der Protest, der durch diese negativen Erfahrungen hervorgerufen wird („So darf es auf keinen Fall bleiben!"), gleichzeitig Ausdruck der zuversichtlichen Hoffnung ist: Es kann wirklich anders werden, es kann und muß auch besser werden, und durch unsere Anstrengung wird es auch besser werden! Die prophetische Stimme, die aus der Kontrasterfahrung heraustönt, ist deshalb *Protest,* hoffnungsvolle *Verheißung* und *geschichtliche Initiative.* Oder noch besser: Die Möglichkeitsbedingung für den Protest und die geschichtliche Entscheidung liegt in der tatsächlich vorhandenen Hoffnung; denn die negative Erfahrung wäre keine Kontrasterfahrung und könnte keinen Protest hervorlocken, wenn sie nicht von zuversichtlicher Hoffnung getragen würde. Deshalb offenbart die negative Erfahrung selbst den Primat der Hoffnung auf eine bessere Zukunft. Ist die Geschichte dieser Kontrasterfahrungen nicht der *geschichtliche* Werdegang der tief menschlichen und religiösen Begriffe wie *Heil* und *Unheil?* Tatsache ist außerdem, daß erst dann der Protest aufkommt, wenn die Völker sich *bewußt*

werden, daß eine bessere Existenzmöglichkeit als die des Augenblicks tatsächlich als realisierbare Möglichkeit erscheint, und also auch dann erst geschichtliche Entscheidungen in spürbare Nähe rücken. Brachte nicht diese Bewußtwerdung z. B. ganz Lateinamerika in einen vorrevolutionären Zustand?

Weil das menschliche Bewußtsein eine komplexe Einheit von vorreflexer Erfahrung, reflexer Analyse und Überlegung ist, können wir in den geschichtlichen Kontrasterfahrungen denn auch – ganz grob gesprochen – zwei Phasen unterscheiden: die erste Phase der negativen Erfahrung selbst, in der aufgrund der Werbekraft der Utopie der Botschaft des Evangeliums der prophetische Protest gegen die konkreten Verkennungen der menschlichen Existenzmöglichkeiten geboren wird und der ethische Imperativ heranreift, daß es anders und besser werden muß, und schließlich ganz unbestimmt einige sachliche ethische Anweisungen Form erhalten. In einer zweiten Phase reift, durch Vermittlung der Theologie, die biblische Botschaft in Gegenüberstellung mit einer wissenschaftlichen Analyse dieser Lage zu einer verantworteten Gesellschaftspolitik und einem konkreteren Aktionsplan. Indirekt wurde die biblische Botschaft also gesellschaftspolitisch bedeutsam.

Deshalb kann man (mit Professor Metz, der mich zu diesem Artikel anregte) tatsächlich von einer „gesellschaftskritischen" und einer „gesellschaftsutopischen" Funktion der Kirche reden; und zwar utopisch und *deshalb* kritisch. Das gilt von den christlichen Kirchen als solchen; also von allen Gläubigen, und demnach auf besondere Weise von den kirchlichen Amtsträgern wegen ihrer dienenden Verantwortung für die Welt. Daß in Dokumenten wie z. B. *„Pacem in terris"* und *„Populorum progressio"* etwas von diesem Verantwortungsbewußtsein laut zu werden begann, weist auf ein erneuertes Selbstverständnis des kirchlichen Lehramtes hin ... Dies neue Selbstverständnis des Lehramtes ist um so wertvoller, als sich in unserer heutigen, notwendig von Planung getragenen Gesellschaft vor allem *gruppenbezogene* geschichtliche gesellschaftspolitische Entscheidungen aufdrängen. Deshalb schaut auch die nichtkatholische Welt auf diese kirchlichen Entscheidungen, weil Kirche und Welt immer mehr zu der Überzeugung kommen, daß der Beitrag beider in das gemeinsame großangelegte Wohlfahrtswerk für alle Menschen notwendig ist. Vielleicht verlangt dieses neue Selbstverständnis, daß auch in den Kirchen die kritische Funktion stärker organisiert wird, während sich anderseits die Christen selbst, gestärkt durch diesen „utopischen" und „kritischen" Beitrag, in der faktischen Gesellschaftspolitik nicht mehr absondern, sondern in die Reihen aller Menschen guten Willens eintreten (aber auch das ist eine geschichtliche Entscheidung, die sich in unsere so und so bestimmte Gegenwartssituation einspielen muß).

Die neutestamentliche Kritik am Kaiserkult, zusammen mit der biblischen Bestätigung der eigengearteten wirklichen Autorität des Kaisers, ist für diese utopische und kritische Funktion der Kirche hinsichtlich der Gesellschaft schon ein deutliches Symptom und gibt ihr ihre biblische authentische Grundlage. Diese kritische Funktion kann nur in einer wirklichen Gegenwart ausgeübt werden: in Erfahrungen, in denen Gott die Welt und die Geschichte sozusagen zwischen sich und uns schiebt – als hörbare, sichtbare und wahrnehmbare *Verdolmetschung* seines gnadenvollen Rufs hier und jetzt, als *Medium,* in dem und durch das der Christ nachdrücklich auf diesen Ruf aufmerksam gemacht wird, und schließlich als *Raum,* in dem er seine Lebensantwort auf diese Einladung geben soll. In und an der Welt und der Geschichte wird sich der Christ also ausdrücklich des konkreten Inhalts von Gottes Ruf hinsichtlich des gesellschaftspolitischen Geschehens bewußt, in dem der Christ somit in erster Linie der aktive *Prophet* zu sein hat: nicht des nach menschlichem Vermögen sogenannten „wirklich Erreichbaren", sondern der christlichen „Utopie", die das *ganz Neue,* das radikal Menschenwürdige aus Sorge um den Mitmenschen verwirklicht, und deshalb bleibt er für jede irdische Gesellschaft ein aktiver Kritiker, vor allem für die, die sich mit der *bestehenden* Lage begnügt, als wäre diese eine „christliche Ordnung". Die Bedeutung einer Politik, die sich in einer gegebenen Periode im Ganzen des konkreten Kräftespiels an das Erreichbare hält, wird damit keineswegs geleugnet. Denn es heißt ja, daß die Kirche, also die Christen, gerade demgegenüber eine ständige kritische Funktion ausüben und auf diese Weise das prophetische Element der „Unruhe" bleiben müssen. Die eschatologische Hoffnung *radikalisiert* den Einsatz zur Ordnung der zeitlichen Gesellschaft und *relativiert* gleichzeitig jede schon verwirklichte irdische Ordnung. Der gesellschaftlich-soziale Einsatz der Christen aus Sorge um die Menschen gehört also zur Auslegung der Glaubenstatsache des verheißenen Endreiches. Die kritische Funktion der Kirche ist hier nicht die Funktion eines Außenstehenden, sondern bedeutet *kritisches* Engagement bei der Förderung des Wohles aller Völker.

## 4. JÜRGEN MOLTMANN

### *Politische Theologie gegen politische Religion*

1. Politische Religionen finden sich in den symbolischen Integrationen eines Volkes. Sie dienen der Homogenisierung der Bevölkerung. Sie dienen der Selbstbestätigung eines Volkes. In ihnen mystifiziert ein Volk seinen eigenen Ursprung und glorifiziert seine Geschichte. Das sind die „Dei rei", die Götter der politischen Wirklichkeit.
2. Der christliche Glaube an den Deus crucifixus, welcher zugleich der Deus spei ist, löst diesen Götzendienst auf und befreit vom Zwang der Selbstbestätigung und beendet so die Tyrannei des Hochmuts und der Angst.
3. Die Kirche Christi kann nicht mit einer solchen Volksgemeinschaft identisch werden, sondern muß in sich selbst die Gemeinschaft mit den „anderen" realisieren, die unter die Tyrannei dieses Hochmuts und dieser Angst geraten sind.
4. Die Befreiung vom Götzendienst der politischen Religion eines bestimmten Volkes hat das Ziel, die Menschen dieses Volkes für den Universalismus des Reiches Gottes in der Gemeinschaft mit den „anderen" zu öffnen.

5. Die Freiheit des christlichen Glaubens verwandelt damit die Selbstbestätigung eines Volkes in seiner Religion in die Solidarität mit den Opfern eben dieser Selbstbestätigung und in ein stellvertretendes Handeln für sie.

6. Die kirchlichen Institutionen können nicht in der gesellschaftspolitisch neutralen Mitte bleiben und die Parteilichkeit der Liebe den einzelnen Christen überlassen. Sie können sich auch nicht schon kraft Öffentlichkeitsanspruchs zu gesellschaftskritischen Institutionen entwickeln. Erst wenn sie sich konkret mit den genannten „anderen" verbünden, lösen sie konkret ihre Allianzen mit den vorherrschenden religiösen Bedürfnissen nach Bestätigung.

Die „politische Theologie", nach der wir hier gefragt haben, möchte nicht den christlichen Glauben in Politik auflösen und auch nicht das Christentum durch Humanismus ersetzen. Würden wir in der Praxis „den Menschen" an die Stelle des Christen setzen, so müßten wir theoretisch das menschliche Wesen an die Stelle des Göttlichen setzen. Würden wir Religion in Politik verwandeln, wie das unsere „linken" Freunde und Marxisten verlangen, so müßte die Politik unsere Religion werden. Der Staat oder die Partei würden dann zum Leviathan, zum sterblichen Gott auf Erden. Das aber würde die Desakralisierung, die Säkularisierung und Demokratisierung der Politik wieder aufheben, die das Christentum bewirkt hat. Die Vergötterung der Politik ist ein Aberglaube, den sich Christen nicht leisten können. Sie sind Christen und halten sich an den Gekreuzigten, um dem Menschen eine größere Freiheit zu bezeugen.

Eine christliche „politische Theologie" will die Christen als Christen dorthin bringen, wo sie von dem Gekreuzigten erwartet werden. In den Leidenden und Verdammten dieser Erde wartet Christus auf die Seinen und ihre Präsenz.

Der Brennpunkt der christlichen Hoffnung ist nicht einfach die offene Zukunft, sondern die Zukunft der Hoffnungslosen. Das Licht der Auferstehung leuchtet in der Nacht des Kreuzes und will diejenigen erleuchten, die unter den Schatten des Kreuzes heute geraten sind. Das Kreuz Christi, die Gemeinschaft der Leiden Christi und das Seufzen der bedrängten Kreatur zeigen uns den Ort christlicher Präsenz.

„Das Kreuz allein ist unsere Theologie", sagte Luther. Die These dieser Abhandlung war: Das Kreuz ist unsere politische Kritik, das Kreuz ist unsere Hoffnung für die Politik der Freiheit. Die Erinnerung an den Gekreuzigten nötigt uns zu einer politischen Theologie.

## 5. MAX HORKHEIMER

### *Politik ohne Theologie bleibt Geschäft*

*Max Horkheimer:* Das Judentum steht deswegen auch dem Katholizismus viel näher als dem Protestantismus, weil im Katholizismus das Tun eine viel entscheidendere Rolle spielt als der Glaube. Der Begriff des Glaubens ist eigentlich eine

Erfindung des Protestantismus, um einerseits die Wissenschaft, andererseits den Aberglauben nicht als die einzige Alternative gelten zu lassen. Um die Religion zu retten, hat man ein Drittes gefunden, den Glauben.

Für das Judentum hat es dieses Problem nie gegeben. Die Vorschriften bestimmen das gesamte Leben des frommen Juden. Das hat das Judentum zusammengehalten, denn ganz gleich, wohin ein Jude kam, seine Glaubensbrüder lebten nach denselben Geboten.

*H. G.* (Helmut Gumnior, der Interviewer): Entscheidend ist also, wenn ich es zuspitzen darf, die eigene Haltung, das Tun; unwichtig ist, ob es einen Gott gibt, ob ich an ihn glaube oder nicht glaube.

*Max Horkheimer:* Dialektisch gesehen ist es wichtig und unwichtig zugleich. Unwichtig deshalb, weil, wie ich schon gesagt habe, wir über Gott nichts sagen können, und die Lehre der christlichen Religion, daß es einen allmächtigen und allgütigen Gott gibt angesichts des Leidens, das seit Jahrtausenden auf dieser Erde herrscht, kaum glaubhaft ist.

Wichtig ist es deshalb, weil hinter allem echten menschlichen Tun die Theologie steht. Denken Sie daran, was wir, Adorno und ich, in der „Dialektik der Aufklärung" geschrieben haben. Es heißt dort: Politik, die, sei es höchst unreflektiert, Theologie nicht in sich bewahrt, bleibt, wie geschickt sie sein mag, letzten Endes Geschäft.

*H. G.:* Was bedeutet hier aber Theologie?

*Max Horkheimer:* Ich will versuchen, das zu erklären. Vom Standpunkt des Positivismus aus gesehen, läßt sich keine moralische Politik ableiten. Rein wissenschaftlich betrachtet, ist der Haß, bei aller sozial-funktionellen Differenz nicht schlechter als die Liebe. Es gibt keine logisch zwingende Begründung dafür, warum ich nicht hassen soll, wenn ich mir dadurch im gesellschaftlichen Leben keine Nachteile zuziehe.

*H. G.:* Der Positivist kann also, wenn ich Sie recht verstanden habe, etwa im Sinne George Orwells sagen: Krieg ist so gut oder so schlecht wie Frieden, Freiheit ist so gut oder so schlecht wie die Sklaverei, die Unterdrückung.

*Max Horkheimer:* Das ist absolut richtig, denn wie läßt es sich exakt begründen, daß ich, wenn es mir Spaß macht, nicht hassen soll. Der Positivismus findet keine die Menschen transzendierende Instanz, die zwischen Hilfsbereitschaft und Profitgier, Güte und Grausamkeit, Habgier und Selbsthingabe unterschiede. Auch die Logik bleibt stumm, sie erkennt der moralischen Gesinnung keinen Vorrang zu. Alle Versuche, die Moral anstatt durch den Hinblick auf ein Jenseits auf irdische Klugheit zu begründen – selbst Kant hat dieser Neigung nicht immer widerstanden –, beruhen auf harmonistischen Illusionen. Alles, was mit Moral zusammenhängt, geht letzten Endes auf Theologie zurück, alle Moral, zumindest in den westlichen Ländern, gründet in der Theologie – wie sehr man sich auch bemühen mag, die Theologie behutsam zu fassen.

*H. G.:* Nochmal meine Frage, Herr Horkheimer: Was bedeutet hier Theologie?

*Max Horkheimer:* Auf keinen Fall steht Theologie hier für die Wissenschaft vom Göttlichen oder gar für die Wissenschaft von Gott.

Theologie bedeutet hier das Bewußtsein davon, daß die Welt Erscheinung ist, daß sie nicht die absolute Wahrheit, das Letzte ist. Theologie ist – ich drücke mich bewußt vorsichtig aus – die Hoffnung, daß es bei diesem Unrecht, durch das die Welt gekennzeichnet ist, nicht bleibe, daß das Unrecht nicht das letzte Wort sein möge.

*H. G.:* Theologie als Ausdruck der Hoffnung?

*Max Horkheimer:* Ich möchte lieber sagen: Ausdruck einer Sehnsucht, einer Sehnsucht danach, daß der Mörder nicht über das unschuldige Opfer triumphieren möge.

...

*H. G.:* Sie sagten, die Religion sei im Begriff, ihre gesellschaftliche Funktion zu verlieren. Mir scheint, daß gerade heute die Religion versucht, eine gesellschaftliche Funktion im technischen Zeitalter zu finden. Ich denke an die neue Theologie, sowohl auf protestantischer wie auf katholischer Seite, die eine Liberalisierung der Religion zum Ziel hat.

*Max Horkheimer:* Die moderne Liberalisierung der Religion führt, wie mir scheint, zum Ende der Religion. Es muß doch jeder, bewußt oder nur halbbewußt, die Überzeugung gewinnen, daß die Liberalisierung der Theologie der gängigen Politik entgegenkommt. Man macht Konzessionen, schließt Kompromisse, paktiert mit der Wissenschaft. Dabei kann uns doch die Wissenschaft nicht mehr sagen, als daß die Erde ein Mikro-Atom ist, ein Kügelchen schwebend im unendlichen Universum, ein Kügelchen mit einem Schimmelüberzug.

*H. G.:* Soll Ihrer Meinung nach die Religion wieder zurückkehren zu Geboten und Verboten? Soll sie den Guten die Seligkeit im Paradies und den Bösen die Hölle verheißen?

*Max Horkheimer:* Nein, das kann sie nicht. Sie kann aber dem Menschen bewußt machen, daß er ein endliches Wesen ist, daß er leiden und sterben muß; daß aber über dem Leid und dem Tod die Sehnsucht steht, dieses irdische Dasein möge nicht absolut, nicht das Letzte sein.

Vielleicht wird aber das, was ich unter der gesellschaftlichen Funktion der Religion verstehe, von der ich meine, daß sie verlorengegangen ist, durch das deutlich, was ich vor vielen Jahren geschrieben habe.

Im Gottesbegriff war lange Zeit die Vorstellung aufbewahrt, daß es noch andere Maßstäbe gebe als diejenigen, welche Natur und Gesellschaft in ihrer Wirksamkeit zum Ausdruck bringen. Aus der Unzufriedenheit mit dem irdischen Schicksal schöpft die Anerkennung eines transzendenten Wesens ihre stärkste Kraft. In der Religion sind die Wünsche, Sehnsüchte und Anklagen zahlloser Generationen niedergelegt. Je mehr aber im Christentum das Walten Gottes mit dem diesseitigen Geschehen in Einklang gebracht wurde, hat sich dieser Sinn der Religion verkehrt. Schon dem Katholizismus galt Gott in bestimmter Hinsicht als Schöpfer der irdischen Ordnung, der Protestantismus führte den Weltlauf geradewegs auf den allmächtigen Willen zurück. Dadurch wird nicht nur das jeweilige irdische Regiment mit dem Scheine göttlicher Gerechtigkeit verklärt, sondern diese selbst auf die faulen Verhältnisse der Wirklichkeit heruntergebracht. Das Christentum hat in gleichem Maße die kulturelle Funktion, Idealen Ausdruck zu verleihen, eingebüßt, wie es zum Bundesgenossen des Staates geworden ist.

*H. G.:* Gerade das lehnen moderne Theologen heute ab. Die Kirchen wollen die Rolle einer kritischen Instanz in der Gesellschaft übernehmen, zumindest wünschen einige Theologen, daß sie es tun sollen. Über die schlechten irdischen Verhältnisse sollen die Gläubigen nicht mehr mit einem transzendenten Paradies hinweggetröstet werden, die Kirchen sollen zum Träger der Revolution werden.

*Max Horkheimer:* Ich möchte das in keiner Weise diskreditieren. Aber Sie sprechen jetzt von den Kirchen, ich sprach von der Religion. Religion kann man nicht säkularisieren, wenn man sie nicht aufgeben will. Es ist eine vergebliche Hoffnung, daß die aktuellen Diskussionen in der Kirche Religion erhalten werden, wie sie in ihrem Anfang lebendig war; denn der gute Wille, die Solidarität mit dem Elend und das Streben nach einer besseren Welt haben ihr religiöses Gewand abgeworfen.

*H. G.:* Bleibt also für die Religion nur die Sehnsucht nach dem Unendlichen?

*Max Horkheimer:* Die Sehnsucht nach vollendeter Gerechtigkeit. Diese kann in der säkularen Geschichte niemals verwirklicht werden; denn selbst wenn eine bessere Gesellschaft die gegenwärtige soziale Unordnung ablösen würde, wird das vergangene Elend nicht gutgemacht und die Not in der umgebenden Natur nicht aufgehoben.

*H. G.:* Wir sprachen vorhin davon, daß hinter allem echten menschlichen Tun Theologie steht, daß alle Moral in der Hoffnung auf Gott gründet. Kann diese Sehnsucht aber ausreichen, um moralisches Handeln zu ermöglichen? Wir müssen, meine ich, nochmal zurück auf unser zentrales Thema. In einem Aufsatz zum 60. Geburtstag Adornos haben Sie geschrieben:

„Einen unbedingten Sinn ohne Gott zu retten, ist eitel.“ Heißt das nicht, moralisches Handeln muß sich auf Gott berufen können?

*Max Horkheimer:* Nein, denn wir können uns nicht auf Gott berufen. Wir können nicht behaupten, es gebe einen allmächtigen Gott, der uns ständig vorhält, was gut und böse ist.

Doch ich möchte zunächst nochmal auf die Sehnsucht zu sprechen kommen. Vielleicht verstehen Sie, warum ich sie so betone, wenn ich Sie auf einen Aufsatz von mir aus dem Jahre 1933 hinweise. Damals habe ich versucht, ein Bild der Welt zu zeichnen, an dem ich bis heute kaum etwas ändern muß.

Der im Weltmaßstab sich austragende Kampf der großen ökonomischen Machtgruppen wird unter Verkümmerung guter menschlicher Anlagen, unter Aufbietung von Lüge im Inneren und Äußeren und unter Entwicklung eines unermeßlichen Hasses geführt. Die Menschheit ist in der bürgerlichen Periode so reich geworden, gebietet über so große natürliche und menschliche Hilfskräfte, daß sie geeinigt unter würdigen Zielsetzungen existieren könnte. Die Notwendigkeit, diesen allenthalben durchscheinenden Tatbestand zu verhüllen, bedingt eine Sphäre der Heuchelei, die sich nicht nur auf die internationalen Beziehungen erstreckt, sondern auch in die privatesten eindringt, eine Minderung kultureller Bestrebungen einschließlich der Wissenschaft, eine Verrohung des persönlichen und öffentlichen Lebens, so daß sich zum materiellen noch das geistige Elend gesellt. Nie stand die Armut der Menschen so in schreiendem Gegensatz zu ihrem möglichen Reichtum als gegenwärtig, nie waren alle Kräfte grausamer gefesselt als in diesen Generationen, wo die Kinder hungern und die Hände der Väter Bomben drehen. Die Welt scheint einem Unheil zuzutreiben oder sich vielmehr schon in ihm zu befinden, das innerhalb der uns vertrauten Geschichte nur mit dem Untergang der Antike verglichen werden kann. Die Sinnlosigkeit des Einzelschicksals, die durch den Mangel an Vernunft, durch die bloße Natürlichkeit des Produktionsprozesses schon früher bedingt war, hat sich in der gegenwärtigen Phase zum eindringlichsten Kennmal des Daseins gesteigert. Jeder ist dem blinden Zufall preisgegeben.

Deshalb diese Sehnsucht nach vollendeter Gerechtigkeit.

*H. G.:* Sie sagten, wir können uns nicht auf Gott berufen, wir können nur sagen, daß wir endliche Wesen sind. Aber ist Endlichkeit zu begreifen ohne Wissen über das Unendliche?

*Max Horkheimer:* Ohne etwas vom Unendlichen zu *wissen*, können wir sehr wohl unsere eigene Endlichkeit erkennen. Erfahren wir nicht Leid und Tod als Markierungen einer Grenze, als Zeichen unserer Beschränktheit, erleben wir nicht tagtäglich, daß wir so geworden sind, wie wir sind, geworden sind durch Vorgänge, für die wir gar nichts können?

Ich will Ihnen dafür ein Beispiel geben: Wenn ein kleines Kind seine Arme nach der Mutter ausstreckt und die Mutter beantwortet dieses Verlangen nach ihr mit einer falschen Bewegung, gleichgültig und kalt, dann kann das den Charakter des Kindes, sein späteres Verhalten zur Welt entscheidend prägen; denn es wird verschreckt und zieht sich in sich zurück.

*H. G.:* Nochmal auf meine Frage zurück. Wie ist moralisches Handeln möglich?

*Max Horkheimer:* Auf Gott können wir uns nicht berufen. Wir können nur handeln mit dem inneren Gefühl, daß es einen Gott gibt.

Aber das ist nicht die einzige Quelle der Moral. Ich kann auch für einen Menschen etwas Gutes tun, in der bewußten oder unbewußten Erwartung, daß mein positives Handeln ihm gegenüber mein eigenes Leben schöner macht.

*H. G.:* Heißt das: Ich erwarte, eine höhere Instanz belohnt mein positives Handeln?

*Max Horkheimer:* Nein. Daß aus diesem Tun für den anderen, daß aus dieser Hingabe an den anderen für mich etwas Positives entsteht, hängt doch davon ab, ob der andere Mensch Freude an diesem Tun hat. Seine positiven Reaktionen, seine Freude über mein Tun machen erst mein eigenes Leben schöner. Denken Sie an die Liebe und Freundschaft. Wenn der andere glücklich ist, bin auch ich glücklich.

Es muß also nicht notwendig der Gedanke an Gott sein, der mein Handeln gegenüber dem anderen Menschen bestimmt, der meinem Handeln die Qualität verleiht, die wir Moral nennen. Es kann einfach die Tatsache sein, daß mein Leben, selbst wenn ich es für den anderen Menschen opfern muß, durch die Reaktionen des anderen verschönt wird.

6. WOLFHART PANNENBERG

## *Ordnungsethik und Veränderungsethik*

*Statt einer Ethik der Ordnungen muß christliche Ethik eine Ethik der Wandlungen sein.* Im Bereich des individuellen Verhaltens ist Buße, Sinnesänderung, Erneuerung des Geistes, Heiligung in der Tat seit dem Urchristentum der Tenor christlicher Ethik gewesen. Aber auf den Bereich der gesellschaftlichen Strukturen hat diese Sicht der Dinge erst spät und sporadisch übergegriffen. Die Gesellschaft kann sicherlich nicht in definitiver Form als Bereich der Herrschaft Christi geordnet werden. Aber das ist ja auch beim einzelnen Christen so nicht der Fall. Wie der einzelne Christ immer noch auch der alte Mensch bleibt, aber dennoch fortschreitend von der am Glauben ergriffenen Wirklichkeit des neuen Menschen durchdrungen werden soll, so sollte auch im Gesellschaftsleben eine christliche Dynamik wirksam werden, die die Unterschiede von Herrschenden und Beherrschten und die Konflikte der Herrschaftssysteme untereinander zwar nicht von heute auf morgen zu beseitigen vermag, wohl aber Veränderungen der gegenwärtigen Zustände anbahnen kann.

In diesem Sinne haben englische und amerikanische Christen des 17. Jahrhunderts es gewagt, von ihrer Gleichheit vor Gott und von ihrer Freiheit in Christus auch zur Regelung ihrer politischen Angelegenheiten Gebrauch zu machen, als Teilhaber an Christi König- und Priestertum auch ihr weltliches Zusammenleben selbst zu regeln, statt das als Privileg eines allein an Gottes Stelle handelnden Herrschers fortbestehen zu lassen. Hier ist nicht auf die damit entstehenden Strukturen und Probleme neuzeitlicher konstitutioneller und demokratischer Staaten einzugehen. Zu beachten ist jedoch, daß und wie dabei der Durchbruch zu einer christlichen Ethik der Wandlungen auch im Bereich des öffentlichen Lebens erfolgt ist. Aus dem religiösen Bewußtsein, aus dem Christusglauben, erwuchs eine Vision der Beziehungen der Menschen untereinander, von der im Vertrauen auf die Teilhabe an Christus schon jetzt Gebrauch gemacht werden kann im politischen Handeln und bei der Veränderung bestehender Einrichtungen, ohne daß dadurch die Vision eines brüderlichen Zusammenlebens der Menschen in gleicher Freiheit schon definitiv realisiert wäre. Vielmehr werden immer wieder partielle Veränderungen der bestehenden Verhältnisse nötig, um die Freiheit und Gleichheit der Menschen vollständiger in Erscheinung treten zu lassen. In einer gegebenen Situation drängen sich bestimmte Zustände als besonders unerträgliches Hindernis der Freiheit und Gleichheit der Menschen auf. Ihre Veränderung bedeutet darum einen, nämlich den nächsten und jetzt nötigen Schritt zur Verwirklichung der Humanität, aber danach wird sich die Aufmerksamkeit anderen Zuständen zuwenden, in denen nunmehr all das konzentriert erscheint, was den Menschen von der Verwirklichung seiner Bestimmung trennt.

*Eine Ethik der Veränderung denkt den Menschen und seine Lebensverhältnisse als Prozeß.* Sie sieht ihn auf einem Wege, von dem, was er faktisch ist, zu dem, was er sein kann und seiner Bestimmung nach ist.

7. FRANZ BÖCKLE

## *Gibt es eine „christliche" Ethik?*

Der Begriff des eschatologischen Vorbehaltes[1] meint in der Interpretation von Metz, daß die Geschichte ihren totalen Sinn nicht einfach in sich selbst hat, sondern in dieser ihrer letzten Unverfügbarkeit unter dem ‚eschatologischen Vorbehalt' Gottes steht. Das gibt jeder planend-operativen Futurologie auch einen immanenten Vorbehalt, d. h. das Nicht-gegeben-Sein des totalen Sinnes der Geschichte bildet den ontologischen Grund für einen prinzipiellen Vorbehalt in jeder Futurologie.

Dieser These von Metz ist grundsätzlich zuzustimmen. Es bleibt jedoch kritisch anzumerken, daß er sich dabei letztlich mit der bloßen Feststellung dieser faktischen Offenheit der Futurologie begnügt, ohne zu präzisieren, worin dieser ‚Vorbehalt' besteht und wie er sich auf der Ebene des Handelns konkret auswirkt. Zur Beantwortung dieser Frage stehen u. E. zwei Wege offen. (1) Entweder man begründet den Vorbehalt mit einem ‚Glauben an den Menschen'. In transzendental-philosophischer Reflexion läßt sich vielleicht die innerweltliche Erfahrung der Unsicherheit als Verwiesenheit des Menschen auf die Mitmenschlichkeit erweisen. In der Offenheit, im Respekt vor der mitmenschlichen Würde könnte dann so etwas wie ein Vorbehalt in der geschichtlichen Zukunftsplanung liegen. – (2) Oder man sieht mit dem christlichen Glauben die letzte Wurzel, den Urgrund für den eschatologischen Vorbehalt im Glauben an den transzendenten Gott und die Offenbarung seiner Liebe zu den Menschen. „Die christliche Botschaft beginnt und endet mit der Offenbarung, daß der unendliche Gott den Menschen unendlich liebt." Weil der Christ an diese Liebe glaubt, glaubt er an den Menschen, erkennt er seine Not und seine Würde. Und wir meinen, daß in der Tat nur dieser Glaube uns davor bewahrt, daß am Ende nicht doch wieder die Integrität des Individuums einer planend-operativen Futurologie zum Opfer fällt.

Unter dieser Voraussetzung aber erweist sich jetzt die Frage nach dem eschatologischen Vorbehalt als identisch mit der Frage nach dem Proprium einer christlichen Ethik. Für die nähere Bestimmung dieses Propriums bleibt zunächst festzustellen, daß die christliche Offenbarung keine nur im Glauben verstehbare Normen vermittelt, die dann in einer christlichen Ethik zu den vernünftigen innerweltlichen Normen hinzugerechnet werden müssen. In der Kategorie geltender vernünftiger Normen wird hier nichts hinzugefügt. In *diesem* Sinn gibt es keine spezifisch christliche Materialethik. Das Proprium der christlichen Ethik liegt im Glauben an Gottes Heilshandeln am Menschen und den sich daraus ergebenden *Kriterien,* von denen aus die in sich geschlossenen und geltenden Bezugssysteme gesellschaftlicher Verhaltensnormen je und je in die Krisis gebracht werden. Dieser Tatbestand läßt sich etwa sehr deutlich am Beispiel der Bergpredigt (Mt 5, 21–48) aufweisen. Die hier erhobenen Radikalforderungen haben wesentlich die Funktion

[1] Vgl. Text 1, S. 13.

von *Kriterien,* an denen jedes innerweltlich-vernünftige Selbstverständnis des Menschen immer wieder in Frage gestellt und überprüft werden muß. So dürfen etwa Forderungen wie die des Gewaltverzichtes, des Schwur- und Ehescheidungsverbotes keinen Augenblick von der theologisch-eschatologischen Grundsituation und vom Nachfolgeethos Jesu getrennt werden. Jede Trennung und Verselbständigung führt zu einer unerträglichen Vergesetzlichung. Es läßt sich daraus weder ein normatives System noch ein im strengen Sinn generelles ethisches Prinzip zweiter Ordnung (Gewaltlosigkeit, Feindesliebe usw.) ableiten. In diesem Sinne sind die Radikalforderungen Jesu als Läuterungsmomente des sittlichen Bewußtseins zu verstehen und dürfen darum nicht im kategorialen Modus von innerweltlichen Gesetzen oder von schlechthin geltenden ethischen Verhaltensnormen verstanden werden.

8. THOMAS SARTORY

## *Erlösung heißt in der Bibel Befreiung*

Auf einen Abbau freiheitsbeschränkender Konditionierungen lief schließlich auch jene Befreiung Israels aus Ägypten heraus, in der wir mit Recht bis zum heutigen Tag den Modellfall von „Erlösung" überhaupt sehen. Erlösung heißt ja zunächst nichts anderes als „auslösen" aus Gefangenschaft oder Knechtschaft: *frei* machen also, *befreien.* Freiheit bedeutet im Alten Testament das Gegenteil von Knechtschaft – und zwar im buchstäblichen sozial-wirtschaftlichen, nicht im übertragenen „geistigen" Sinn. Man lese nur im 2. Buch Mose die Schilderung der ägyptischen Fronarbeit. Die Arbeitsversklavung der Israeliten schien den Reichen Ägyptens das sicherste Mittel zu sein (so erzählt die Bibel), die Fremdvölkischen unter Druck zu halten, damit diese nicht zu mächtig würden und schließlich die eigenen Machtpositionen gefährden könnten. „Deshalb zwangen die Ägypter die Israeliten zur Arbeit und verbitterten ihnen das Leben durch harte Fron in Lehm und Ziegeln und durch allerlei Feldarbeit, durch alle Arbeiten, zu denen man sie zwang" (Ex 1,13 f.). Niedergedrückt von der täglichen Arbeitslast unter unnachgiebigen Fronvögten – wahrhaftig sich selbst „entfremdet" – verging den Israeliten nicht nur jeder politische Ehrgeiz, sondern auch jegliche Achtung vor sich selbst, jedes Gefühl für Ehre und Würde. Wollten sie überhaupt noch ernsthaft eine Änderung ihrer Situation, wollten sie noch Freiheit, Selbstbestimmung? Auf die Befreiungsbotschaft reagierten sie mit Spott und Hohn. „Sie hörten nicht auf Moses, vor Geistes Kürze und vor hartem Dienst" (Ex 6,9). Es ist dieselbe Knechtsmentalität, aus der sie sich später während der Wüstenwanderung nach den „Fleischtöpfen" des ägyptischen Sklavenhauses zurücksehnen sollten.

„Der eine fragt: / Was kommt danach? / Der andere fragt nur: / Ist es recht? / Und also unterscheidet sich / Der Freie von dem Knecht." Ein wahres Wort von Wilhelm Busch – aber auch ein hochfahrendes, gesprochen aus der Überheblichkeit dessen, der niemals ängstlich nach den Mienen eines Herrn hat schielen müssen, von dessen Gunst oder Mißgunst Sattwerden oder Hungern abhängig gewesen wären – Wohl oder Wehe, vielleicht sogar Leib und Leben. Knechte werden nicht geboren, sondern durch die Verhältnisse „erzogen". Verknechtung schafft Knechte, Sklaverei erzeugt Sklavenseelen. Darum darf Moses den Israeliten nicht Ergebung predigen, darf sie nicht zur Fügsamkeit ermahnen, sondern muß sie in Gottes Auftrag zum Aufstand rufen.

So sieht es in der realistischen und so gar nicht vergeistigten Welt des Alten Testaments aus. Die Freiheit, zu der der Mensch berufen ist, ist Freiheit im buchstäblichen Sinn: Freisein von jedem Zwang und jeder Unterdrückung. Gott läßt sich diese Freiheit seines Volkes etwas kosten; vor allem das Buch vom Exodus Israels aus Ägypten zeigt, daß Jahwe keinen Aufwand scheute, um sein Volk aus dem Sklavenjoch zu befreien. Da Israel Jahwes Erstlingsgut aus den Völkern ist, muß an Israel demonstrativ sichtbar werden, wie Gott den Menschen, wie Gott die Völker haben will: Freie sollen sie sein, nicht Geknechtete. Das hat nicht nur politische Konsequenzen, sondern auch bestimmte Folgen für die spätere Sozial- und Rechtsordnung. Zunächst zum politischen Bereich: Die Israel zugedachte Freiheit wird biblisch mit dem Begriff Gottesherrschaft umschrieben. Das ist wörtlich, und nicht „geistig" zu verstehen. Das ganze Volk ist gleichsam von königlichem Geschlecht: es hat keinen König über sich wie die umwohnenden Völker. Gott selbst nämlich ist es, der Israel führt und regiert. Das spätere Königtum Sauls, Davids und seiner Nachfolger ist ein widerspruchsvolles Phänomen, gemessen am eigentlichen „Ideal" der Gottesherrschaft. Jahwe fordert zwar Samuel auf, dem Verlangen des Volkes nachzugeben, das einen König über sich haben will, „wie ihn die anderen Völker haben", setzt aber gleichzeitig hinzu: „mich haben sie verworfen, daß ich nicht mehr König über sie sei" (1 Sam 8,7).

Die sozial-wirtschaftliche Konsequenz des alttestamentlichen Freiheitsethos zeigt sich vor allem beim Eigentumsbegriff. Das Ideal der Freiheit aller israelitischen Volksgenossen steht höher als die Ansprüche, die sich aus dem Eigentumsrecht ergeben. Wenn es schon der Gang der Dinge mit sich bringt, daß die *einen* immer reicher und die *anderen* immer ärmer werden, wenn schon nicht verhindert werden kann, daß die Reichen immer mächtiger und die Armen immer macht- und rechtloser werden, bis sie schließlich sich selbst und ihre Familien in die Schuldknechtschaft verkaufen müssen – dann muß wenigstens dafür gesorgt werden, daß es nicht für immer so bleibt, daß in regelmäßig wiederkehrenden Abständen ein Ausgleich zwischen arm und reich erfolgt und der ursprüngliche Zustand wieder hergestellt wird. Nach jeweils sechs Jahren kehrte ein Erlaßjahr wieder, in dem die Gläubiger ihren Volksgenossen alle Darlehen erlassen mußten. Und nach sieben mal sieben Jahren, im fünfzigsten, dem großen „Jobeljahr" mußte auch aller Grundbesitz an seine ursprünglichen Besitzer zurückgegeben werden. Außerdem sollte jedes Erlaßjahr allen Verknechteten die Freiheit bringen: die Herren mußten ihre israelitischen Sklaven frei lassen und mit reichen Geschenken für die in den vergangenen sechs Jahren geleisteten Dienste versehen. Ein erstaunliches sozial-humanitäres Programm! Angestrebt wurde (so Klaus Berger in „Sacramentum mundi") „das gerecht und gleichmäßig verteilte Wohl der Volksgenossen, was brüderliches und liebendes Verhalten zu allen so verstandenen ‚Nächsten' voraussetzt. Dabei ist Freiheit ein wichtiges Element in der Erfüllung der Verheißung im Rahmen der Verwirklichung gleicher Gerechtigkeit für alle."

Freilich darf man ein Programm nicht mit seiner Verwirklichung verwechseln, mit der es nur allzu oft gehapert haben mag. Nach Jeremia 34 droht Jahwe dem Volk eine „Freilassung" an für das Schwert und für die Pest und für den Hunger, weil die Herren ihre hebräischen Sklaven zwar auf Gottes Befehl zunächst freigelassen, sie dann aber aufs neue versklavt hatten. Andererseits empfand man zumindest die *Idee* eines Erlaßjahres mit der großen Befreiung aller Verknechteten wie einen Inbegriff von Erlösung schlechthin; das Erlaßjahr wurde schließlich zum Symbol der messianischen Zeit. Isaias 61 spricht von einem Gnadenjahr Gottes: „Der Geist Jahwes, meines Herrn, ruht auf mir; denn Jahwe hat mich gesalbt. Er hat mich gesandt, den Armen die Frohbotschaft zu bringen, zu heilen, die gebrochenen Herzens sind, den Gefangenen Befreiung und den Gefesselten Erlösung anzukündigen, auszurufen ein Jahr der Gnade von Jahwe ..." (V. 1 f.). – „Das Neue und Überraschende" an diesem Text ist nach G. von Rad die Tatsache, „daß er in der alten Sakralordnung des Freijahrs (bzw. Erlaßjahrs) einen Hinweis auf eine endgültige eschatologische Heilstat gesehen hat, daß er also das priesterliche Gesetz auf eine ganz neue Weise aktualisiert. Der Hauptgedanke des Freijahrs, die restitutio in integrum (die ‚Wiedereinsetzung in den ursprünglichen Stand') hat sich durchgehalten, aber nun ist es Gott selbst, der in einer einmaligen Erlösungstat alle diejenigen, die in den Besitz anderer Mächte übergegangen sind, wieder ganz für sich reklamiert.

Und genau dieser Text aus Isaias 61 hat später im Lukasevangelium eine zentrale Bedeutung erlangt, um anzusagen, welche „Schlüsselstellung" Jesus in dem großen göttlichen Erlösungs- oder Befreiungsprozeß zukommt. Jesus kehrt nach der Taufe im Jordan, bei der Gottes Geist auf ihn herabgekommen ist, in der *Kraft* dieses Geistes (wie Lukas sagt) nach Galiläa zurück. In der Synagoge von Nazareth steht er auf, um vorzulesen. Man reicht ihm die Buchrolle des Isaias. Er öffnet sie und findet die Stelle, wo geschrieben steht: „Geist des Herrn liegt über mir; darum hat er mich gesalbt, Armen die Frohbotschaft zu bringen; gesandt hat er mich, Gefangenen Befreiung und Blinden das Gesicht zu künden, Gebrochene in Freiheit zu entlassen, ein Gnadenjahr des Herrn auszurufen" (Lk 4,14 ff.). Dann rollt Jesus wieder das Buch zusammen, setzt sich und sagt, da aller Augen in der Synagoge auf ihn gerichtet sind: „Heute hat sich diese Schrift erfüllt in euren Ohren."

Der alttestamentliche Hintergrund dieses Prophetenwortes verbietet es ebenso wie die „messianische" Wirksamkeit Jesu, das „Gnadenjahr des Herrn" rein spirituell zu deuten. Wenn mit Jesus Gottes Herrschaft in der Welt wirksam zu werden beginnt, so bedeutet das: die Freiheit fängt an, sich durchzusetzen. Schon der Name Jesu signalisiert es: hebräisch Jeschua (eine gebräuchliche Abkürzung von Jehoschua) trägt Jesus denselben Namen wie Josua, der die Stämme Israels in das verheißene Land der Freiheit führte. Wörtlich bedeutet der Name Jesu wie der

Josuas: Jahwe ist Freiheit. Matthäus erklärt den Namen Jesu so, daß er sein Volk von allen Sünden befreien werde. Aber das ist – wie die Evangelien zeigen – nur *ein* Aspekt der Befreieraufgabe Jesu. Die Freiheit, die durch ihn in der Welt wirksam werden soll, ist total. Die „Bergpredigt" ist Dynamit für alle die Menschen bindenden und knechtenden Ordnungen und Herrschaftsstrukturen. Wie sehr Dynamit, das blitzt noch einmal an Männern wie Ghandi und Martin Luther King auf.
Wenn Utopie „die Wahrheit von morgen" ist, dann darf man die Bergpredigt durchaus „utopisch" nennen – mit ihrer Forderung nach absoluter Gewaltlosigkeit und rückhaltloser Hilfsbereitschaft. Ihre Verwirklichung würde bedeuten, wie Tolstoi wohl zu Recht erkannt hat, daß alle gegenwärtig bestehenden rechtlichen und staatlichen Ordnungen, die die Menschen so vielfach fesseln und unterjochen, aufgehoben würden: das wäre die Konkretion der verheißenden Gottesherrschaft, dieser zugesagten Gottesfreiheit.

9. MARIO VON GALLI

## *Ein kirchengeschichtliches Modell – Franz von Assisi*

Wir reden heute viel vom Wandel der Strukturen, von einer notwendigen Demokratisierung, vom Abbau einer herrschaftlichen Autorität, vom Dienstamt. Wir leiten diesen sich auch in der Kirche anbahnenden Wandel meist mit dem Bewußtsein der Mündigkeit ab, das global alle Welt – in entwickelten wie in unterentwickelten Ländern – erfaßt hat. Es entspricht durchaus der Menschenwürde, wie der amerikanische Jesuitenpater Murray schon seit Jahren darzulegen versuchte und das letzte Konzil nach heftigen Auseinandersetzungen schließlich in seinem Dekret über die Religionsfreiheit nicht nur zugestand – denn auf dieser ontologischen Gegebenheit baute es die ganze Lehre über die Religionsfreiheit auf, womit es weit über die bisher üblichen Argumentationen der Toleranz hinausging. Doch selbst Murray gibt zu, daß sich in der Praxis dieses Prinzip nicht auswirken konnte, solange die Menschenwürde im Bewußtsein der Völker nicht lebendig war. Dieser Bewußtseinswandel von einem patriarchalischen Denken zu einem personalen ist relativ neuen Datums. Man hat ihn ein revolutionäres, umwälzendes Ereignis in der Geistesgeschichte nicht zu Unrecht genannt. Er wirkte sich aus – vermischt mit allen möglichen Abweichungen – auf die Politik (etwa die Französische Revolution), auf die sozialen Verhältnisse (man denke an die Revolutionen der Arbeiterklassen) bis hin zum Marxismus und zu den Studentenunruhen unserer Tage. Es handelt sich hier um einen Prozeß weltweiten und geschichtlichen Ausmaßes.
Wie aber erstaunt man, wenn diese Tendenz religiös und allein vom Evangelium her begründet schon bei Franz von Assisi auftaucht. Noch in der ersten erhaltenen Regel steht: „Gleichfalls sollen alle Brüder, besonders unter sich, weder eine Amtsgewalt noch eine Alleinherrschaft besitzen" – und weiter: „Niemand soll in

dieser Lebensform ‚Prior' genannt werden, sondern alle nenne man ausnahmslos Mindere Brüder, und sie sollen einander die Füße waschen." Erstmals wird bei den Franziskanern der Obere nicht als ‚Vater' Abt erwählt. Franziskus, dessen Frömmigkeit doch so sehr auf den Vatergott abgestellt war, konnte innerhalb seiner Brüdergemeinde mit dem Vaterbild nichts anfangen. Dort waren sie alle Brüder mit verschiedenen Dienstfunktionen. Selbst der „Generalminister" kann nach Franz seines Amtes von den eigenen Mitbrüdern enthoben werden, was normalerweise bei keinem der alten Orden, die streng hierarchisch gegliedert waren, geschehen konnte; man denke an die Benediktiner, Kamaldulenser, Zisterzienser, Karthäuser, Prämonstratenser. Auch viel später, bei den Jesuiten, spielt das väterliche Element eine sehr bedeutende Rolle, wenn etwa die Aufgaben der Obern und zumal des Generals in den Konstitutionen beschrieben werden. Aber in den Regeln der Minderen Brüder des Franz von Assisi, sowohl in der sogenannten ‚Ersten Regel' vom Jahre 1221 wie in der dritten (endgültigen und von Papst Honorius III. feierlich bestätigten) von 1223 wird an keiner Stelle das Verhältnis von Obern und Untergebenen mit der Vater-Sohn-Beziehung weder direkt noch indirekt beschrieben.

Ich glaube, man hat bisher zu wenig auf diesen Umstand hingewiesen. Er war auch in einer Zeit, in der soziologisch die Denkstrukturen von mehr oder weniger patriarchalischen Modellen nicht loskamen, überaus erstaunlich und geradezu revolutionär. Und doch läßt sich leicht zeigen, daß es Franz dabei keineswegs bloß um eine terminologische Frage ging; er wollte eine Haltung zum Ausdruck bringen, die seine Gemeinschaft bewußt von den andern Orden unterscheiden sollte! Auch eine psychologische Erklärung, die Erlebnisse des jungen Francesco mit seinem Vater hätten sein Vaterbild zerstört, zerrinnt an der Spiritualität des Poverello: ohne ein ausgeprägtes Vaterbewußtsein Gott gegenüber hätte die ganze kosmische Mystik, die Naturliebe, gar keinen Boden. Aber eben, der Vatergedanke ist Gott reserviert, alle andern sind Brüder und Schwestern. Die Gleichheit aller Menschen wird unbedingt ernst genommen. Das ist gut evangelisch – konnte sich aber im soziologischen Gefüge des Mittelalters nicht oder nur sehr blaß realisieren.

Anders in der Gegenwart. Dem Bewußtsein des modernen Menschen entspricht solches Denken durchaus. Nach einer Umfrage von „Paris Match", der großen französischen Illustrierten, sind über siebzig Prozent der Jugendlichen zwischen achtzehn und fünfundzwanzig zutiefst von einem Weltverantwortungsgefühl geprägt. „Für andere nützlich sein", ergibt ihnen den Sinn des Lebens. Dabei wird kein Unterschied der Nationen, Rassen, Konfessionen – schon gar nicht der Klassen gemacht. Was für diese jungen Leute die Welt zusammenhält, ist die gemeinsame Aufgabe. Sie besteht nicht so sehr im Fortschritt der Wissenschaften und der Beherrschung der Erde, wenn sie auch als Mittel unerläßlich sind, als vielmehr in der brüderlichen Gemeinschaft aller Menschen. Von daher stammt der antiautoritäre Zug in den Köpfen der Jungen, denn Autorität wird als Macht empfunden, die menschenunwürdige Ungleichheit schafft und aufrechterhält, als Macht, die die Gleichheit aller Menschen im Grunde nicht anerkennt. Dabei wird eine von der Sache her begründete Ordnung und Struktur keineswegs abgelehnt, ja als selbstverständlich vorausgesetzt. Nicht die Autorität schlechthin wird also bekämpft, sondern jede Macht, die die Menschenwürde verletzt. Der Fortschritt besteht darin, daß Wissenschaft und Technik und Kommunikation den Menschen die Möglichkeit an die Hand geben, eines jeden Menschenwürde effektiver anzuerkennen und seinen Beitrag zum Ganzen in Freiheit und Verantwortung leisten zu können. Das also ist die ersehnte Menschengemeinschaft, in der jeder größtmögliche Verantwortung trägt in freier Entfaltung seiner selbst. Abbau der Zwangsstrukturen und Übernahme von entsprechend größerer Verantwortung für das Ganze ist das Ziel der jungen Menschen, ist die Entwicklungstendenz unserer Zeit. Establishment sind alle jene Kräfte, die Zwangsstrukturen nicht abbauen oder gar neue errichten allein im Interesse einzelner oder von Gruppen ...

10. SIEGFRIED VIERZIG

## *Religion und Emanzipation*

### *Was meint Emanzipation?*

Zunächst muß geklärt werden, was unter „Emanzipation" zu verstehen ist. Schon dieses gehört zum agitierenden und manipulierenden Stil der ideologischen Auseinandersetzungen, daß ungeklärte Begriffe wie Beschwörungsformeln benutzt werden, als Waffen, aber nicht als Argumente. „Emanzipation" ist ursprünglich ein Begriff aus der Rechtsprechung und bedeutet soviel wie „Freilassung eines Sklaven, Entlassung aus Leibeigenschaft, oder auch die Freilassung des Kindes aus der väterlichen Gewalt". Von daher hat Emanzipation dann die positive Bedeutung von Mündigwerdung, Befreiung oder Gleichberechtigung bekommen. Damit ist das Stichwort gegeben für eine Grundbewegung des Menschen, die nicht erst seit heute datiert, sich von Abhängigkeiten zu befreien, damit er ganz zu sich selber kommt. Dann handelt es sich um politische Abhängigkeiten, das Leben unter Diktatur und Tyrannei, soziale und wirtschaftliche Abhängigkeiten, das Leben in Unterordnung und Angst vor Wirtschaftsmiseren, aber auch die Abhängigkeit von der noch immer nicht bewältigten Natur, der Druck, von Krankheit, Not, Katastrophen und schließlich die geistige Abhängigkeit von den eigenen Bedingtheiten und Unzulänglichkeiten, wie von dem Zwang der Vorurteile und Normen.

Der Begriff der Emanzipation beinhaltet also ein Dreifaches:

1. die gesellschaftlich-politische Befreiung von Herrschaftssystemen,
2. die Befreiung des menschlichen Bewußtseins von vorgegebenen Autoritäten und die damit gewonnene Fähigkeit zu kritischer Rationalität,
3. das Engagement, die ständige Veränderung der gesellschaftlichen Zustände zu betreiben.

Die Frage nach der Priorität, ob erst das Bewußtsein emanzipiert sein muß, damit es die gesellschaftliche Emanzipation betreiben oder umgekehrt, ob erst die politische Befreiung die Emanzipation des Bewußtseins möglicht macht, ist eine zwischen Christentum und Marxismus noch nicht ausgetragene Diskussion.

*Emanzipation und Christentum*

Es hat keine Epoche in der Geschichte gegeben, in der die Emanzipationsbewegung geruht hätte, wohl aber Epochen von Siegen und von Niederlagen der Emanzipation. Es ist einfach ein Gebot der Redlichkeit, anzuerkennen, daß das Urchristentum eine Epoche des Sieges der Emanzipation gewesen ist. Die Redlichen unter den Gegnern des Christentums, so Ernst Bloch, erkennen dieses auch voll an. Wer je das Neue Testament mit Bewußtsein gelesen hat , weiß, daß das Stichwort „Freiheit“ darin eine Schlüsselstellung einnimmt. Die urchristliche Gemeinde verkündet von Christus zuerst, daß er die Menschen von der Versklavung durch das Gesetz befreit hat. Denen, die ängstlich das Sabbatgebot halten und sich nicht trauen, einem Verunglückten am Sabbat zu helfen oder den eigenen Hunger zu stillen, wird gesagt: Der Mensch ist der Herr des Sabbats. Denen, die voller Furcht auf die vielen Gebote starren und nicht wissen, wie sie sich ohne Anleitung verhalten sollen, wird gesagt: Liebt den Nächsten wie euch selbst, dann wißt ihr, was zu tun ist. Der emanzipatorische Charakter dieser Worte Jesu ist bis zum heutigen Tage nicht überbietbar, wird doch hier nicht mehr und nicht weniger als die Autonomie, die Selbständigkeit des Menschen in bezug auf sein Handeln, gefordert und realisiert. Dieser von Jesus nicht nur geforderten, sondern auch gelebten Unabhängigkeit gegenüber den geschriebenen Normen, entspricht es, wenn er sich auch über die gesellschaftlichen Vorurteile hinwegsetzt und die Outsiders der Gesellschaft: die Zöllner, Dirnen, die Unterprivilegierten: die Hirten und Fischer, die Parias: die Aussätzigen und Besessenen als gleichberechtigte Menschen anerkennt und sie in die Gesellschaft als vollgültige Glieder integriert. Der Gott, den Jesus von Nazareth verkündete, war kein Dämon, dem man sich nur mit Angst und Schrecken nahen konnte, sondern war der Gott der Liebe, der Vertrauen suchte, nicht sklavischen Gehorsam, der zu selbständiger Arbeit in der Welt aufrief und nicht zu sakraler Weltabgeschiedenheit. Das alles sind so bekannte Selbstverständlichkeiten, daß man schon einmal etwa nach Asien gehen muß, um zu ermessen, welch eine emanzipatorische Wirkung das Christentum gehabt hat. Trotzdem geht es nicht um den Nachweis, daß das Christentum auch einiges zur Emanzipation des Menschen beigetragen hat. Der Streit um die historischen Verdienste ist müßig, solange nicht klar ist, ob es sich hierbei um mehr oder weniger glückliche Zufallsprodukte handelt, oder ob hier ein heute noch wirksamer Impulsgeber zur ständigen Emanzipation lebendig ist.

*Ruf zur Freiheit*

Ich behaupte nicht, daß das Christentum immer die Emanzipation des Menschen betrieben hat, aber ich behaupte, daß für den richtig verstandenen christlichen Glauben der „Ruf zur Freiheit“, der Impuls zur Emanzipation einen Grundzug darstellt. So kann Paulus den Glaubenden kennzeichnen als den „Sohn", der nicht mehr wie ein Sklave oder wie ein unmündiges Kind unter fremder Gewalt steht, sondern der in freier Verantwortung sich dem Gott der Liebe verpflichtet weiß, der ihn an die anderen Menschen und an die Aufgaben in seiner Welt weist. Selbstverständlich ist der Prozeß der Emanzipation im Neuen Testament nicht in allen Teilen durchgeführt: Paulus ist befangen in den Vorstellungen seiner Zeit, wenn er die Frau abwertet, die Sexualität als notwendiges Übel ansieht und die Sklavenbefreiung politisch nicht vorantreibt. Aber dieses ist im Grunde genommen nur die Folge davon, daß das Neue Testament die Befreiung des Bewußtseins vor die gesellschaftlich-politische Befreiung setzt. Dadurch wurde unglücklicherweise getrennt zwischen innerer und äußerer Emanzipation, Glaubensfreiheit und politischer Freiheit. Hier hat sich der idealistische Geist des Neuplatonismus im Neuen Testament breitgemacht. Diese idealistischen Eierschalen wird das Christentum heute überwinden müssen. Seine Aufgabe ist, die Emanzipation des Bewußtseins durch die Verkündigung der Freiheit vom Gesetz zu betreiben und in gleicher Weise für die politische Emanzipation einzutreten. Beides voneinander zu trennen, bedeutet tatsächlich, Religion zum Opium des Volkes zu machen, zur Beruhigungspille für die politisch Unterdrückten. Auf das Konto dieses idealistischen Einflusses geht es auch im wesentlichen, wenn der „Ruf der Freiheit", wie der Theologe Ernst Käsemann das Evangelium charakterisiert hat, in der Geschichte der Kirchen so oft umgeschlagen ist in den Ruf der Unfreiheit. Unter dem Motto, die innere Freiheit ist wichtiger als die äußere, konnte man die Befreiung durch den Glauben verkünden und im praktischen Handeln ein System der Unfreiheiten etablieren. Aus dem gesetzesfreien Evangelium wird das kirchliche Supergesetz der mittelalterlichen Kirche, das den Menschen in eine totale Bindung an eine Amtshierarchie versetzt.

### *Ambivalenz der Religion*

Die Religion, in unserem Kulturkreis der christliche Glaube, ist wie andere Weltanschauungen, die eine ähnlich umfassende Welt- und Lebensdeutung anbieten, ambivalent, das will heißen, sie hat immer die Möglichkeit zum Heil wie zum Unheil zu werden:

Religion kann zum Opium des Volkes werden, wenn sie auf ein besseres Jenseits vertröstet und zum Rückzug in die Innerlichkeit verführt, sie kann aber auch zur Protestbewegung gegen soziales Elend werden. Religion kann die bestehenden Herrschaftsverhältnisse als gottgewollt sanktionieren, sie kann andererseits im Namen der Freiheit, Gerechtigkeit und Brüderlichkeit auf Veränderung der politischen Verhältnisse hinarbeiten und dabei sogar eine „Theologie der Revolution" entwerfen.

Religion kann die konservativen Kräfte der Gesellschaft stützen durch das starre Festhalten an überlebten Traditionen, aber sie kann auch die Gesellschaft verwandeln durch die Einarbeitung von Entwürfen einer besseren Gesellschaft: Man denke an Martin Luther King oder an Camillo Torres.

Religion kann ich-schwache Individuen erzeugen: unmündig, abhängig von nicht hinterfragbaren Autoritäten, unbeweglich, intolerant. Manche Erscheinung der Billy-Graham-Bewegung geht in diese Richtung. Religion kann aber auch das Gegenteil hervorbringen: freie, emanzipierte Menschen. Um nur ein paar Große zu nennen: Dietrich Bonhoeffer, Albert Schweitzer, Johannes XXIII. ...
Religion kann wissenschaftsfeindlich eingestellt sein und das rationale Denken als Unglauben diffamieren, Galilei ist das vornehmste Opfer solcher Wissenschaftsfeindlichkeit. Religion kann aber auch zum Impuls für wissenschaftliche Weltbemächtigung und Weltverantwortung werden, ohne daß sie der naiven Wissenschaftsgläubigkeit verfällt. „Macht euch die Erde untertan" – dieser Impuls der Bibel hat das industrielle Zeitalter mit hervorgebracht, im Unterschied etwa zu der weltabgewandten Leidensmystik asiatischer Religionen.
Auch die institutionalisierte Religion, die Kirche, hat einen ambivalenten Charakter: sie kann zum Selbstzweck werden, zu einer Interessengruppe, der nichts mehr am Herzen liegt als die Häufung und Ausübung von Macht. Die Kirche kann andererseits eine notwendige Institution sein, auf die die Gesellschaft nicht verzichten kann, wenn sie sich ganz der Vermittlung von Freiheit, Liebe, Hoffnung und Glaube im Namen des Herrn widmet und so dem Einzelnen wie der Gesellschaft zu einer Welt- und Lebensdeutung verhilft.

*Gesellschaft, Religion, Emanzipation*

Die Gesellschaft braucht Religion als diese Wirkungseinheit von Deutungen und Wertungen, an denen ein Mensch Rückhalt findet, wenn es um das Ganze und Letzte geht, um Heil und Unheil, Leben und Tod. Die Gesellschaft braucht den christlichen Glauben, denn von ihm gehen trotz aller Entartungen starke Impulse zur Befreiung des Menschen zu sich selbst aus. Aber es muß als eine Aufgabe aller, nicht nur der Christen, angesehen werden, dafür zu sorgen, daß die emanzipatorischen Kräfte des Glaubens zur Wirksamkeit kommen und nicht die Kräfte der Inhumanität, des Fanatismus und der Intoleranz. Alle Einsichtigen sollten den christlichen Glauben dort unterstützen, wo er sich für die Vorrangstellung des Menschen gegenüber allen Sachen einsetzt, wo er sich gegen die Einseitigkeit des reinen zweckrationalen Denkens wehrt und so eine Lanze bricht für die Freiheit des Menschen. Der christliche Glaube sollte dort unterstützt werden von der ganzen Gesellschaft, wo er das kritische Bewußtsein gegenüber ideologischen Verfestigungen sensibel macht und wo er durch die ständige Reflexion dessen, was wahr und was gut ist, verhindert, daß wir in einen Zustand unreflektierter Anpassung hineinfallen und zu Konsumenten dessen werden, was uns vorgesetzt wird. Hier an diesen Punkten leistet der christliche Glaube, besser kann er von seinem Ursprung, von Jesus Christus her, leisten, nämlich einen unverzichtbaren Beitrag dazu, daß der Mensch der frei Verantwortliche werde.

# II. POLITISCHE TUGENDEN

## 1. BERTOLT BRECHT

### *Was ein Kind gesagt bekommt*

Der liebe Gott sieht alles.
Man spart für den Fall des Falles.
Die werden nichts, die nichts taugen.
Schmökern ist schlecht für die Augen.
Kohlentragen stärkt die Glieder.
Die schöne Kinderzeit, die kommt nicht wieder.
Man lacht nicht über ein Gebrechen.
Du sollst Erwachsenen nicht widersprechen.
Man greift nicht zuerst in die Schüssel bei Tisch.
Sonntagsspaziergang macht frisch.
Zum Alter ist man ehrerbötig.
Süßigkeiten sind für den Körper nicht nötig.
Kartoffeln sind gesund.
Ein Kind hält den Mund.

## 2. RALF DAHRENDORF

### *Öffentliche und private Tugenden*

*Es gibt Gesellschaften,* deren herrschende Werte vor allem auf die reibungslose Bewältigung der Beziehungen zwischen Menschen zielen. Diese Beziehungen sind offenbar keineswegs notwendig selbst politischer Art; sie betreffen das Verhalten am familiären Eßtisch nicht weniger als das in der Schule, auf der Straße, bei der Arbeit, auf dem Sportplatz und in der politischen Diskussion. Wenn ich die auf dieses Verhalten von Menschen zueinander und seine Reibungslosigkeit bezogenen Werte „öffentliche Tugenden" nenne, dann will ich damit zunächst nicht die Intimsphäre der Familie in das Licht der Öffentlichkeit ziehen; „öffentlich" soll, als Eigenschaft sozialer Werte, deren Charakter als Modell eines allgemeinen Verkehrs zwischen Menschen beschreiben. Die privaten Tugenden sind nicht in demselben Sinne allgemeines Modell; „privat" sind eben ausgesparte Bereiche, denen ein Widerstand gegen alles Öffentliche innewohnt. Die privaten Werte setzen daher dem einzelnen vor allem Maßstäbe für seine eigene Vervollkommnung, wobei diese als gesellschaftsfrei konzipiert wird. Dem entsprechen die im privaten Sinne tugendhaften Formen des Verkehrs zwischen Menschen. Sie sind unmittelbar, durch allgemeine Regeln nicht gezügelt, weniger auf Reibungslosigkeit und Leichtigkeit als auf Ehrlichkeit und Tiefe bedacht. Man mag fast zu fragen

geneigt sein, inwiefern die privaten Tugenden überhaupt noch als soziale Werte gedacht werden können.
Kennzeichnend für die Vorherrschaft der öffentlichen Tugenden sind die Regeln und Werte des Sports, insbesondere des Mannschaftssports. Der in diesem Sinne Tugendhafte ist a *good sport,* ein guter Sportsmann, er ist *fair.* Er hält sich also an jene Regeln, deren Rational es ist, die sportliche Konkurrenz zugleich zu fördern und zu bändigen. Dabei tritt die eigene Person mit ihren Sorgen und Träumen, Sehnsüchten und Verzweiflungen zurück. Wichtiger als sie ist das *getting along with each other,* das Mit-anderen-Auskommen; dieses aber gelingt nur, wenn man das Verhältnis zu anderen nicht durch die eigene innere Person belastet. Reibungslose Beziehungen sind auch entlastete Beziehungen. Vielleicht kann keine einzelne Maxime die öffentlichen Tugenden besser charakterisieren als die des *keep smiling:* Mach es dem anderen leicht, auch wenn es dir schwerfällt! Belästige ihn nicht mit Dingen, die das Miteinander-Auskommen nur erschweren, sondern halte das Private privat! Den öffentlichen Tugenden wohnt ein starkes Element des Verträglichen inne; sie kopieren gleichsam die Paragraphen des Gesellschaftsvertrages für alle Bereiche des Lebens. Indem die persönliche Sphäre ausgespart bleibt, verschiebt sich die Bewertung von Menschen auf deren sichtbare Fähigkeit, mit anderen auszukommen. Alle Gesellschaft ist Rollenspiel, aber in den öffentlichen Tugenden wird das Rollenspiel zur moralischen Maxime.
Eine Gesellschaft, in der die privaten Tugenden vorherrschen, hat für solches Verhalten rasch ganz bestimmte Vokabeln bereit: Es ist unehrlich, unnatürlich und gilt vor allem als Heuchelei. Es ist meine Absicht, mit dem, was ich öffentliche Tugenden nenne, gerade auch das zu treffen, was in Deutschland den Engländern gern als Heuchelei vorgeworfen wird, also das lächelnde Rollenverhalten nach strukturierten Interessen in jeder Lage. Sucht man die Gegenmaxime in der Welt der privaten Tugenden zum *keep smiling* bei den öffentlichen, so bietet sich vielleicht etwas an wie: Sei wahrhaftig! Dieser sein „eigentlicher" Begriff sieht das Wahrhaftige im Widerspruch zu den Zumutungen des Sozialen, als Suche nach einer unsichtbaren Wahrheit. Auch die Rede von einem „natürlichen" Verhalten bekundet solche Abkehr von allem „bloß äußerlichen" Dingen. Die menschliche Persönlichkeit bewährt sich geradezu darin, daß sie der anderen nicht bedarf. Wo Menschen aufeinander treffen, gebietet die Wahrhaftigkeit sehr belastete Beziehungen: Wie geht es dir? Ach, ich habe Zahnschmerzen und außerdem Streit mit meiner Frau ... Der Gewinn an Tiefe ist ein Verlust an verträglicher Verläßlichkeit. Wird die „äußere" Welt sozialer Normen abgewertet, dann gewinnt das Unverhoffte an Kraft, das aus dem Intimen, Gefühlsmäßigen, Zügellosen so viel leichter entspringt als aus dem Rationalen.
Nicht zufällig erscheint es schwierig, die privaten Tugenden als soziale Werte zu bezeichnen; es sind in keinem Sinne Tugenden der Teilnahme. Nimmt der einzelne in einer Gesellschaft privater Tugenden am sozialen und politischen Prozeß teil, so bleibt ihm dies „äußerlich", und er bewahrt sich die Chance des Rückzuges auf. *Daher ist die Vorherrschaft der privaten Tugenden ein Instrument autoritärer Herrschaft.* Sie hält die Untertanen in jener Unmündigkeit, die es den

Herren erlaubt, ihr wohlwollend-strenges Regiment zu führen. Die Herren selbst allerdings hängen den von ihnen geförderten Tugenden nicht an; in ihrem eigenen Kreis haben die Aristokratien der Geschichte stets die öffentlichen Tugenden gepflegt. Es ist daher auch nicht meine Absicht zu behaupten, daß die Vorherrschaft der öffentlichen Tugenden als solche schon die Verfassung der Freiheit begründet. Sie ist vieldeutig, mindestens aber in einem besonderen modernen Sinne zweideutig; denn sie verbindet die totalitäre mit der liberalen Demokratie. Doch ist ohne diese Vorherrschaft das selbst vertraglich-regelhafte und in seinem Formalcharakter den Intimbereich des einzelnen aus jeder sozialen Regelung nach Möglichkeit aussparende System der liberalen Demokratie nicht möglich. Die öffentlichen Tugenden sind dessen notwendige, doch nicht zureichende Bedingung.

## 3. HERMANN GIESECKE

### *Personaler, gesellschaftlicher und politischer Umgang*

Wenn wir ... uns einmal in Gedanken die Vielfalt der menschlichen Beziehungen vorstellen, zu denen wir in der modernen Welt gezwungen sind, dann lassen sie sich wohl in drei Gruppen zusammenfassen. Auf der ersten Ebene haben wir es mit dem *personalen Umgang* zu tun. Es ist dies die Ebene der Intimität, wo wir gleichsam unser ganzes Menschsein in die Beziehung einbringen – jedenfalls soweit das überhaupt möglich ist. Hier ist vor allem an Familienbeziehungen und Freundschaften zu denken. Diese Ebene interessiert uns hier nur der Vollständigkeit halber, im übrigen hat sie mit unserer politischen Betrachtungsweise recht wenig zu tun – es sei denn, man denkt daran, daß zum Beispiel fehlende emotionale Geborgenheit in der Familie negative Rückwirkungen auf das Selbstbewußtsein hat, was wiederum nicht ohne Rückwirkungen auf die Souveränität im politisch-gesellschaftlichen Bereich ist. Vertrauen, Liebe, Wahrhaftigkeit, Kameradschaft usw. sind wohl diejenigen Verhaltensweisen, die auf dieser Ebene – und nur hier! – ihren Sinn und ihre Berechtigung haben. Wie verheerend es sein kann, mit solchen Sozialerwartungen auch der Politik gegenüberzutreten, das hat vor allem die nationalsozialistische Ideologie der „Volkgemeinschaft" bewiesen. Wer mit solchen Erwartungen der modernen Gesellschaft gegenübertritt, der muß geradezu betrogen werden.

Die zweite Ebene, die des *gesellschaftlichen Umgangs,* ist für unseren Zusammenhang schon viel interessanter. Es ist dies die Ebene des gesellschaftlichen Verkehrs mit fremden oder jedenfalls nicht intim bekannten Menschen, sofern sie uns nicht vorwiegend als Repräsentanten einer öffentlichen Institution gegenübertreten· Kollegen am Arbeitsplatz, die anderen Verkehrsteilnehmer, Partner bei geselligen Veranstaltungen usw. Während es uns leicht fiel, die Verhaltensweisen in der intimen Sozialsituation zu beschreiben, fehlen uns hier schon im buchstäblichen Sinne die Worte. „Neutrales Wohlwollen", „Informalität" sind kaum mehr als Chiffren. Unsere Sprache hat offensichtlich für diese Kommunikationsebene noch

gar keine richtigen Worte ausgebildet, was andererseits heißt, daß alle unsere Sozialvorstellungen aus intimen Sozialverfahren stammen. „Die anderen, das ist die Hölle", hat Sartre gesagt, und er hat recht, wenn alle Menschen, denen wir im Zeitalter der mobilen Gesellschaft begegnen, von uns die Anstrengung intimer Verhaltensweisen erwarten sollten. Unser seelischer Haushalt setzt für den personalen Umgang deutliche Grenzen. Auf der Ebene des gesellschaftlichen Umgangs müssen wir offenbar den Menschen immer „insofern" gegenübertreten, insofern sie unsere Festpartner, unsere Arbeitskollegen, unsere Zimmernachbarn im Hotel, unsere Mitreisenden usw. sind. Wir beschränken uns ihnen gegenüber gewissermaßen in einer „Rolle", uns interessiert zunächst gar nicht, was sie sonst noch sind oder sein können. Es geht nun keineswegs darum, diesen Umgang wieder auf den personalen zurückzuführen – von dem er ja auch nicht ausgegangen ist –, sondern ihm gleichsam eine eigene Weihe zu geben, ihn in bestimmter Weise zu kultivieren. Ich glaube, daß dieser Bereich menschlichen Umgangs eher nach einer Art „Ästhetik der Kommunikation" verlangt denn nach einer Tugendlehre. Man kann es auch so sagen: Die Inhalte der Kommunikation sind hier mit einem erheblichen Spielraum ausgestattet, so daß es vor allem auf die Kultivierung der Formen ankommt. So schreibt unsere Gesellschaft für bestimmte soziale Situationen bestimmte Formen vor. Aber diese Formen legen ein konkretes Verhalten nicht eindeutig fest, sondern geben ihm nur einen Rahmen, in dem es sich individuell artikulieren kann. Es ist nun eine alte Weisheit, daß das soziale Selbstbewußtsein eines Menschen unter anderem davon abhängt, ob er solche Formen beherrscht oder nicht. Unter dem Aspekt der politischen Bildung heißt das, daß von niemandem ein politisches Selbstbewußtsein erwartet werden darf, der nicht mit Selbstvertrauen solche gesellschaftlichen Formen beherrscht.
Die dritte Ebene der Sozialbeziehungen möchte ich den *politischen Umgang* nennen. Er betrifft den Umgang mit Menschen, insofern sie uns als Repräsentanten einer Institution, also in einer bestimmten Funktion gegenübertreten. Der politische Umgang ist also die am eindeutigsten funktionalisierte Beziehung zwischen Menschen überhaupt. Diese Funktion ist inhaltlich meist recht genau ausgefüllt. Die Beziehung zu einem Finanzbeamten, einem Verbandsvertreter, einem Parlamentarier oder dem Bundeskanzler ist inhaltlich zwar jeweils verschieden, dennoch aber klar beschreibbar. Sie ist viel stärker festgelegt, als die zu einem Gast auf einer Hausparty – um mit einem Beispiel aus der Ebene des gesellschaftlichen Umgangs zu vergleichen. Auf dieser Ebene verläßt uns die Sprache noch mehr. Welche Verhaltensweisen sind hier spezifisch? Ich möchte sie unter dem Begriff der „kritischen Loyalität" zusammenfassen. Jeder „institutionelle Repräsentant" kann – in einer demokratischen Gesellschaft – zunächst einmal von den Bürgern Loyalität erwarten, das heißt das Zutrauen, daß er so, wie er handelt, institutionsangemessen, also in Entsprechung zu seinem öffentlichen Auftrag handelt. Zugleich aber muß der Bürger durch seine kritische Voreinstellung dafür sorgen, daß diese Entsprechung auch erhalten bleibt. Ohne diese kritische Einstellung der Bürger kann es also letztlich kein institutionsangemessenes Verhalten mehr geben. Wenn also im politischen Unterricht nur von den Pflichten und nicht zugleich

auch immer von den Rechten des Bürgers gesprochen wird, ist ein wichtiges Moment der „kritischen Loyalität" bereits verletzt.
Ist es aber nicht geradezu „unmenschlich", so ohne weiteres für eine menschliche Beziehung einzutreten, die auf eine rein institutionelle Funktion beschränkt ist? Es wäre so, wenn ein Repräsentant, sagen wir der Finanzbeamte, durch diese Funktion in seinem Menschsein konstituiert wäre. Aber er ist ja auch Glied einer intimen Sozialität, die ihm Personalität ermöglicht, er ist ebenfalls – auf der zweiten Ebene – gesellschaftlicher Partner anderer Menschen. Grundsätzlich kann jeder einzelne mit ihm auf jeder der drei Ebenen zu tun haben. Wenn ich also mit jenem Finanzbeamten dienstlich zu tun habe, ist es eine „Unmenschlichkeit" – wenn wir so pathetische Worte nun einmal gebrauchen wollen –, ihn nicht in seiner institutionellen Repräsentation ernst zu nehmen, seine Institution nicht genügend zu kennen und ihm ein Verhalten abzuverlangen, das aus der ersten sozialen Ebene stammt und das er auf dieser Ebene nicht einlösen kann. Die auf dieser Ebene gebotenen Verhaltensweisen müssen offensichtlich eigens im Verlaufe der Erziehung gelernt werden, sie ergeben sich nicht von selbst. Sie sind für den Erfolg der eigenen politischen Aktion unerläßlich. Institutioneller Repräsentant ist der Vorgesetzte im Betrieb, der Lehrer in der Schule, der Beamte der Exekutive gegenüber dem Bürger, der Politiker, der Verbandspolitiker usw. Daß es sich dabei in der Sache um recht verschiedene Ebenen der Repräsentation handelt, ändert nichts daran, daß sie unter dem subjektiven Aspekt des Umgangs mit ihnen eine ähnliche Bedeutung haben.
Die drei Ebenen der Sozialität sind vor allem dadurch unterschieden, daß die emotionale Intensität des Bezuges in dem Maße abnimmt, wie die rationale zunimmt. Nun wäre es abwegig, die den drei Ebenen zugeordneten spezifischen Verhaltensweisen als die einzigen anzusehen, die überhaupt in Betracht kommen. Der Träger einer Funktion bleibt ja ein Mensch, und ich verhalte mich zu ihm ja anders als etwa zu dem Briefmarkenautomaten, der auch eine Funktion erfüllt. Es gibt, so wollen wir der Vollständigkeit halber hinzufügen, offenbar eine Reihe von Verhaltensweisen, die unspezifisch für die einzelnen Ebenen sind, gefühlsindifferente Verhaltensweisen, die auf allen Ebenen der Kommunikation – wenn auch nicht immer in gleicher Weise – gelten oder wenigstens gelten sollten. Ich nenne „Fairneß", „Takt", „Kooperationsfähigkeit", „Höflichkeit", „Sachlichkeit", „Hilfsbereitschaft" usw. Da sie nicht spezifisch für den politischen Umgang sind, gleichwohl aber dafür notwendig, gelten sie also auch als Forderung einer politischen Erziehung.
Hier nun scheint es geboten, Mißverständnissen entgegenzutreten, die sich um den Begriff der „Partnerschaft" gerankt haben. Das institutionell ausgedrückte Machtverhältnis etwa zwischen Lehrer und Schüler und zwischen Vorgesetzten und Untergebenen im Betrieb ist nicht dadurch zu umgehen, daß jene unspezifischen Umgangsformen den Stil des Umgangs bestimmen. Die darin zum Ausdruck kommende Menschlichkeit des Umgangs kann nicht die Funktionalität überhöhen oder gar abschaffen.
Im Gegenteil, sie schlagen um in Selbsttäuschung und Manipulation, wo sie nicht

durch jene spezifischen Verhaltensweisen des politischen Umgangs ergänzt und beschränkt werden. Deshalb ist hier auch äußerste Vorsicht im Umgang mit dem Wort „demokratisch" geboten. „Demokratisch" ist ein Betrieb erst dann, wenn er seinen Mitarbeitern Mitbestimmung an den grundsätzlichen Entscheidungen ermöglicht. Diese Frage ist aber nicht in das subjektive Belieben der beteiligten Personen gestellt. Die Bereitschaft des einzelnen zur Kooperation oder die Fairneß im Umgang miteinander führen nicht automatisch zu einer demokratischen Struktur.
Politisches und gesellschaftliches Selbstbewußtsein hängen wesentlich davon ab, ob man sich in diesen drei Verhaltensebenen sicher fühlt.

4. HAZEL E. HAZEL

## *Fragwürdige Verhaltensmuster von Mann und Frau*

Zur Anregung lese ich Jasmin:
... die Frau opfert sich, lebt für den Mann, gibt ihm die Liebe, weil er dem harten, ernsten Kampf des Lebens ausgesetzt ist. Das wahre Glück finden sie dann, wenn sie sich in holder Zweisamkeit auf der überdimensionalen Farm (natürlich nach einem ausgefüllten, produktiven Leben) der Rosenzucht und zarten Aquarellen hingeben und sie alle Sorgen von ihm fernhält ...
Höre Frauengewerkschaftliches:
... grüne Witwen, Ehen, in denen beide Beteiligten arbeiten, sie aber zusätzlich noch Kinder und Haushalt am Hals hat, zu wenig Kindergärten, der Patriarch, der seine Frau schlägt, er darf fremdgehen, sie nicht; geringere Berufschancen, schlechtere Bezahlung, kein Prestige, und die Souffragetten notorisch unterbefriedigt, weil sie den Männern zu wenig weiblich sind ...
Rezipiere linkeste Neuerkenntnisse:
... die Familie als Keimzelle des Kapitalismus muß aufgelöst werden, Vermeidung jeglicher Identifikation, die nur eine Kompensation darstellt, und Vermeidung von Fixierungen, die in Verbindung mit ersterer nur der Persönlichkeitsfixierung dienen und damit zur Reproduktion des Individuationsmechanismus beitragen – was heißt, daß aus mangelnder Selbständigkeit eine horrende Angst vor der Abhängigkeit umgeht ... Wir müssen der Unterdrückung durch den Mann die organisierte Solidarität der Frauen entgegensetzen: „Macht es wie die Frauen in Sparta ..."
Ich sehe kein einziges dieser Probleme als Problem der Frau, deshalb halte ich auch nichts von „Frauenemanzipation". Die ganze Fragestellung impliziert, daß die Frau bewußt und willentlich vom Mann unterdrückt wird. Ich wage anzunehmen, daß der Mann, bei aller Bösartigkeit, auch da nur Instrument ist.
Frauenemanzipation? Das ist der falsche Ansatz, das lenkt vom Thema ab. Mir paßt die Rollenerwartung, die an die Frau gestellt wird, ganz und gar nicht, aber mir graut dabei doch ebenso vor dem Manns-bild, zu dem sie in Beziehung

gesetzt wird. Seine „Stärke“, sein Prestigekampf, Leistung, Heldenimage, Disziplin, Ernst, Strenge usw. sind nichts als die andere Seite der Medaille, und wenn mir eine Frau leid tun soll, weil sie als Heimchen, Schmuckgegenstand, Dienerin und Gebärmaschine unter seinem (scheinbar unter seinem) Diktat steht, müßte ich dasselbe Mitleid für ihn aufbringen, der ständig Verantwortung, Existenzkampf, Krawatte und geschwollene Brust des Beschützers mit sich umherschleppt. Eine Erfahrung der Praxis, die besser als jeder linksintellektuelle Schluß die Fragwürdigkeit der herrschenden Stärkenormen unterstreicht, ist die überbetonte Wehleidigkeit, Hypochondrie und Pflegebedürftigkeit der Männer, wenn sie einmal krank sein dürfen und die Erlaubnis zur „Schwäche“ erteilt bekommen. Ich traue den Männern gar nicht zu, daß sie uns über Notwendigkeit unterdrücken, dazu sind sie viel zu wehleidig und unsicher. Aber während die Frauen die Unterdrückung wenigstens noch sehen können, wissen diese armen Kerle gar nicht mehr, wie unterdrückt und verkehrt sie sind, weil sie ununterbrochen bestätigt werden und ein Selbstbewußtsein hochgepäppelt bekommen, das ihre Situation total verschleiert. Wie bei so vielen Dingen bilden sie sich ein, daß sie bestimmen, und sind doch nur bestimmt. Sie bilden sich ein, Privilegien zu haben, und reichen doch nur die Unterdrückung, die ihnen angetan wird, nach unten weiter.

*Politisch* kenne ich nur den Unterschied zwischen Herrschenden und Beherrschten. Der nicht-privilegierte Mann ist ein armer bestätigungsbedürftiger Tropf, ein Buh-Mann, der uns jetzt als Aggressionsobjekt angeboten wird, und *die* Frau paßt mir gar nicht als Genossin. Wenn er total in die Leistungsgesellschaft eingespannt ist und ich gedrillt werde, seine Arbeitskraft zu regenerieren, sind wir beide Opfer und müssen uns gemeinsam zur Wehr setzen: gegen diese Gesellschaft, von der wir uns erst befreien können, wenn wir eine andere haben; und für die, die es noch nicht wissen: Wir haben sie nicht und sollten uns deswegen auch nicht so benehmen. Und bei aller Wichtigkeit der psychologischen Motivierung: Wir müssen uns zuerst politisch so weit emanzipieren, daß der politische Kampf aufhört, nur die Hoffnung auf Beseitigung der Orgasmusschwierigkeiten zu sein.

Ich kann ohnehin auch als politisch Emanzipierte von ihm nicht anerkannt werden (ich kann dann, verflucht noch mal, ein guter „Kumpel“ sein), wenn er in seinen Bedürfnissen, Begriffen von Erotik, Weiblichkeit usw. nicht emanzipiert ist. Was soll der arme Kerl denn machen, wenn die Weibchen ihm als einzige Kompensation zur Verfügung gestellt werden. Und da ist der Punkt, an dem die Frauen, in dem Augenblick, wo sie wissen, daß es nicht um Gleichberechtigung hin zum Druck und Dreck der kapitalistischen Gesellschaft geht, ihre Vorteile einsetzen, fruchtbar machen müssen *im Sinne einer politischen Emanzipation zum Zwecke einer menschlichen Emanzipation* – für den Menschen, nicht für den Mann oder die Frau. Es sind Vorteile, die in der ihnen auferlegten Beschränkung gründen: ihr größerer Spielraum in dem „feudalen Relikt Privatleben“, wodurch sie den Normen von Leistungszwang und Stärke-Schwächemaßstäben, Prestige, Berufs-(Ausbeutungs-)chancen, Potenzzwang usw. weniger unterworfen sind, und ihr besseres Verhältnis zur Realität, weil sie nicht ständig bis zur totalen Unverbindlichkeit vom Speziellen zum Allgemeinen abstrahieren.

5. KARIN STORCH

## *Erziehung zum Ungehorsam*

Der folgende Text ist ein Auszug aus einer Abiturrede.

Im Gemeinschaftskundeunterricht haben wir über den Untergang der Weimarer Republik gesprochen. Eines der Hauptversäumnisse der Weimarer Republik war es, zuwenig krisenfeste Demokraten zu erziehen. Es gab zuwenig Demokraten, die bereit waren, zwar kritisch und ungehorsam zu sein, dabei aber den Staat als ihren Staat anzuerkennen. Wo die Deutschen damals kritisierten, da gingen sie an die Wurzel des Staates, zerschlugen ihn, statt ihn zu bessern.
Dieses Hauptversäumnis muß in der Bundesrepublik vermieden werden. Und zwar durch unsere politischen Pädagogen, indem sie krisenfeste Demokraten erziehen, weil sie den Ungehorsam einüben.
Ruhe war nur die erste Pflicht des Untertanen, Unruhe kennzeichnet den Demokraten – ständige Unruhe und Bewegung, nicht aber Aufruhr und Revolte. Demokratie bewußt machen, heißt junge Menschen dazu zu erziehen, kritisch, skeptisch, nüchtern und ungehorsam zu sein. Die Schule soll sie zur Wachheit erziehen, zur Kritik, Offenheit und zum Ungehorsam.
Wo liegen die Grundlagen der Erziehung zum Ungehorsam? Meine Antwort: Wenn das, was wir am 20. Juli jeden Jahres in der Schule gelehrt bekommen, stimmt, dann muß die Schule zum Widerstand erziehen: zur Widerstandsbereitschaft und zur Widerstandsfähigkeit. Wenn das ehrende Andenken jener tapferen Widerständler am 20. Juli 1944 keine Farce ist, dann gehört die Pflicht zum Widerstand zu unserem Staatsdenken.
Ungehorsam ist die Keimzelle dieses Widerstandes. Er muß in einer Demokratie geübt werden, damit im Ernstfall, also möglichst vor einer Diktatur, von allen Bürgern Widerstand geleistet werden kann. Der Widerstand im Ausnahmefall kann nur funktionieren, wenn der Ungehorsam im Alltag geübt ist.
Erziehen unsere Schulen zum Ungehorsam, regen sie Kritik an, formen sie die Schüler zu freien Menschen, fordern sie die eigene Stellungnahme heraus, regen sie an zu selbständigem Denken? Sie tun es leider zuwenig. Dieses Prinzip durchläuft ganz bestimmt nicht alle Fächer.
Wie wollen Lehrer uns zum Ungehorsam erziehen, zum Engagement, zur kritischen Haltung, wenn sie selbst im Alltagsunterricht resignierend sagen: „Eigentlich ist das Turnabitur sinnlos, aber es ist von Wiesbaden so angeordnet." Eine Ansicht vertreten, weil sie der Lehrer vertritt, darf nicht länger das Denken der Schüler beherrschen, nach dem Grundsatz: „Ich will mir meine Note nicht verderben."
Der Dialog zwischen Schülern: „Ich gehe zur Direktorin und beschwere mich" und „Tu's nicht, sonst hast du's auf ewig mit dem Lehrer verscherzt", sollte an unseren Schulen nicht länger Platz haben. Warum aber gibt es Tag für Tag solche Dialoge? Warum habe ich selbst als Klassensprecherin sie immer wieder gehört . . .

und manchmal auch danach gehandelt? Warum? Weil Erfahrung klug macht, weil Ungehorsam oft kein Echo fand, kein Verständnis.
Der Gemeinschafts- und Sozialkundeunterricht hat den offiziellen Lehrplänen zufolge hochgesteckte Ziele. Aber: Eine wissenschaftliche Untersuchung der Max-Traeger-Stiftung zeigte, daß der politische Unterricht in seinem Ergebnis fragwürdig ist. Auf die Frage: Würde sich für dich persönlich viel ändern, wenn wir hier eine Diktatur hätten? gaben 50 Prozent der Primaner keine Antwort oder antworteten mit „Nein".
Diese Zahl ist erschreckend. Sie zeigt die Gefahr auf, daß so erzogene Jugendliche einen schleichenden Übergang von einer Demokratie in einen straffen oder gelenkten Staat gar nicht merken würden. Daß sie sich also eher den Verhältnissen anpassen als Widerstand leisten würden.
Wie sehen die Forderungen für die Zukunft aus? Meine Antwort: Lassen sie mich dem formierten Bürger eine Verszeile des Dichters Günter Eich entgegenrufen: „Seid Sand, nicht das Öl im Getriebe der Welt!" Und André Gide sagt: „Alles muß in Frage gestellt werden." Zweifel kann nur dort wirksam sein, wo Freiheit vor Autoritätsgläubigkeit den Blick öffnet.
Es spricht für die Schüler, daß manche aus Opposition, aus innerer Abwehr von Einseitigkeit und aus Trotz eher bereit sind, altmarxistische Thesen als die geordnete Umwelt zu verteidigen. Ich persönlich halte nichts von der etwas wirren AUSS[1]. Aber dieser innere Widerstand mancher Schüler ist zu begrüßen. Diesen Widerstand soll die Schule ausbauen und erweitern, zum Widerstand gegen Obrigkeitsdenken, gegen Verfassungswidrigkeit, zum demokratischen Ungehorsam, zu einem gesunden staatsbürgerlichen Bewußtsein.
Erziehung zum Ungehorsam ist also ein Auftrag der Schule.
Die Schule von morgen soll dabei nicht zum Chaos erziehen, sondern zur Machtbalance. Es muß eine Schule sein, in der Ordnung und Auflehnung den gleichen Rang haben in der Wertskala. Liberale Politik will durch aktives Handeln möglichst großen Freiheitsraum für das Individuum und deshalb Politik dauernder Machtbalance betreiben. Zuviel an Freiheit für den einzelnen schränkt die Freiheit der anderen ein oder verliert sich in der Überfreiheit des Chaos.
Zuviel an Ordnung, an Normierung, an Regeln, Verboten und vorgezeichneten Bahnen für Denken, Fühlen und Handeln schränken unmittelbar den Freiheitsraum ein.

[1] AUSS = Aktion unabhängiger Schüler und Studenten.

## 6. CARL AMERY

### *Sekundärtugenden*

Das Schlüsselwort für das kleinbürgerliche Tugendsystem in Deutschland ist das Wort *Anstand*. Es ist unübersetzbar, genau wie *decency* oder *honnêté*, und es ist (wenigstens heute) noch schillernder und schwieriger zu definieren als diese

Schlüsselwörter auswärtiger oder vergangener Tugendsysteme. Was ist der deutsche Anstand? Reden wir zunächst davon, was er *war:* Er war die Summe der Standestugenden, die für eine bürgerliche oder bäuerliche Existenz ausreichten. Sie umfaßten Dinge wie Ehrlichkeit, Arbeitsamkeit, Sauberkeit, Pünktlichkeit und Zuverlässigkeit im Dienst, Mißtrauen gegen alle Exzesse und gegen alles Schillernde, Zweideutige, Ambivalente, sowie Gehorsam gegen die Obrigkeit. Unschwer ist zu erkennen, daß dieses System so gut wie keine christliche Primärtugend betont: weder Gläubigkeit noch Demut, weder Caritas noch asketische Kraftanstrengungen werden in diesem System des *Anstands* groß geschrieben. Nun war der Stand des Christentums ja durch den Stand der öffentlichen Dinge garantiert (wenigstens scheinbar), und die christlichen Primärtugenden wurden sozusagen als selbstverständlich vorausgesetzt, als „Zustände" der Christenheit, die nicht der individuellen Anstrengung des Gläubigen bedürfen. Sicher: Von einer bestimmten gesellschaftlichen Stufe ab wurde mehr erwartet. So war etwa die Wohltätigkeit mancher gutbürgerlichen Familien durchaus echt, und man wünschte sich, daß heute, in der zweiten Hälfte des 20. Jahrhunderts, etwas mehr davon erhalten wäre, als tatsächlich zu finden ist. Aber an eine geplante soziale Anstrengung dachte „man", d.h. das Milieu, nicht – ebensowenig an bewußte Arbeit an der „Gläubigkeit", die ja durch die Vorschriften ein für allemal vorgegeben war. Wofür der katholische Christ selbst die Verantwortung trug, das war die kleine Welt seiner Standeswerte. Sie war der Prüfstein seiner „Anständigkeit". Diese Anständigkeit war im Grunde nichts anderes als die Treue zu sich selbst, zu der Rolle, die man im Leben zu spielen hatte – und man sah sie bescheiden.

Es ist hier nicht der Ort zu prüfen, wie weit ... dieses Wertesystem jemals zureichend war. Es gibt Anzeichen dafür, daß sie schon in der guten alten Zeit nicht genügten. Wir ... müssen konstatieren, daß sie heute jedenfalls ungenügend, ja schädlich sind. Nicht nur, daß sie Kräfte der Entscheidung verkümmern ließen, die heute zur Waffenrüstung jedes Christen gehören sollten: Ihre Werte selbst und die Tugenden, die betont wurden, sind zu Hindernissen der Botschaft geworden und verzerren, verfälschen, zerstören die Möglichkeiten einer christlichen Existenz.

Notieren wir noch einmal die Tugenden, die der Begriff *Anstand* umfaßt: Ehrlichkeit – Pünktlichkeit – Sauberkeit – Zuverlässigkeit im Dienst – Arbeitsamkeit. Es ist nicht schwer zu sehen, daß sie allesamt „Sekundärtugenden" genannt werden können; Tugenden also, die keine Ziele in sich enthalten, sondern auf bestimmte Ziele zugeordnet werden müssen, um ‚positiv' zu sein. Ich kann pünktlich zum Dienst im Pfarramt oder im Gestapokeller erscheinen; ich kann in Schriftsachen ‚Judenendlösung' oder Sozialhilfe penibel sein; ich kann mir die Hände nach einem rechtschaffenen Arbeitstag im Kornfeld oder im KZ-Krematorium waschen. So konnte Himmler an seinen Mordkommandos rühmen, daß sie inmitten ihres schweren Dienstes verstanden, anständig zu bleiben. Nun ist Herr Himmler nicht gerade ein Kronzeuge für moralische oder ethische Tatbestände; aber man erkennt einen Zipfel der Methode an dieser wahnsinnigen kleinen Bemerkung.

Greifen wir nicht vor: Die Mordkommandos sind schon Produkte jener Veränderung, der das Milieu in den letzten Dekaden unterworfen war. Bleiben wir bei dem, was das Milieu seinen Mitgliedern an Tugenden abverlangt – und was es *nicht* von ihnen verlangt. Daß sich der bürgerliche Anstand nicht an der menschlichen Solidarität (wie der Proletarier alter Art) oder an einem strengen Komment (wie das aristokratische Selbstgefühl) aufrichtet, gehört zu den Folgen der bürgerlichen Lage. Der Mangel an Solidarität und Komment ist natürlich besonders prägnant in Deutschland, wo die Politik beide Tugenden im Bürgertum nicht aufkommen ließ. Zurückgeworfen auf sein ‚Hauswesen', konzentrierte und konzentriert sich der Bürger auf einen kleinen Kosmos eigener Leistung und Prägung. Ein Aristokrat mag den Verlust seiner Güter, ja seiner sozialen Funktion überstehen, ohne sein Selbstverständnis zu verlieren, und der Prolet ist *par definition* der Mann ohne Sozialgepäck: Der Kleinbürger aber wird zur Raserei getrieben, wenn ihm die materielle oder ästhetische Selbstdarstellung verweigert wird. Er ist zu harter, ja härtester Arbeit bereit, aber nicht zu einer Arbeit, die sich in allgemeinen Werten niederschlägt, sondern nur zu einer Konsolidierung und Vermehrung der Güter, die er und die Seinen für ein ‚anständiges Leben' benötigen. Seinem Instinkt folgend, wird er allemal ein schönfurniertes Küchenbüfett für wertvoller halten als einen Mitmenschen mit Schnapsfahne; besonders dann, wenn dieser Mitmensch in gefährliche Nähe des Büfetts geraten sollte. Das will nicht heißen, daß mitmenschliche Hilfe im bürgerlich-kleinbäuerlichen Milieu unbekannt ist; ja, wer ehrlich ist, muß darauf hinweisen, daß etwa auf dem Dorf nachbarliche Hilfe noch echte Lebenshilfe sein kann von einer Intensität und Wirksamkeit, die für den Städter beschämend ist. Aber diese Hilfe setzt den Stallgeruch voraus – das Gefühl, daß der Nachbar wirklich ‚zu uns' gehört. Für Hereingeschneite und Zugereiste, für fremde Gruppen, von denen man höchstens in der Zeitung liest, kann man sich nicht erwärmen . . .

7. ERNST BLOCH

## *Milde und „Licht seiner Wut"*

Es gibt geborene Lämmer, diese ducken sich leicht und gern. Das liegt in ihrer Art, zu ihnen hat Jesus nicht gepredigt, gewaltig, wie es in der Schrift heißt. Am wenigsten steht er selber so gemildert da, wie ihn die sanften Heinriche meinen. Wie ihn die Wölfe vor allem für die Schafe zurecht gemacht haben, damit sie es doppelt bleiben. So still, so unbegrenzt duldsam wird ihr angeblicher Hirte dargestellt, als wäre er sonst wirklich nichts anderes. Der Stifter soll ohne alle Leidenschaft gewesen sein und dennoch, er hatte eine der stärksten: den Zorn. So warf er den Wechslern die Tische im Tempel um, ja vergaß hierbei die Peitsche nicht. Jesus ist also nur dort geduldig, wo es sich um den stillen Kreis der Seinen handelt; er selber scheint deren Feinde durchaus nicht zu lieben. Nun zwar die Bergpredigt: sie handelt gewiß nicht von der Erregung der Menschen widereinander um Christi willen, die Jesus als Eiferer seinen Jüngern anrät (Mt 10,35 f.). Die Bergpredigt mit ihrer Seligpreisung der Sanftmütigen, der Friedfertigen ist aber nicht auf die

Tage des Kampfs, sondern auf das Ende der Tage bezogen, das Jesus nahe herangekommen glaubte, gemäß der Predigt des Mandäers Johannes; daher der *sofortige,* chiliastisch *unmittelbare* Bezug auf das Himmelreich (Mt 5,3). Für den *Kampf* jedoch, für die *Herbeiführung* des Reichs steht das Wort: „Ich bin nicht gekommen Frieden zu senden, sondern das Schwert" (Mt 10,34). Desgleichen, als durchaus nicht nur inwendig, sondern auswendig, ausbrennend gedacht: „Ich bin gekommen, ein Feuer anzuzünden auf Erden; was wollte ich lieber als es brennte schon" (Lk 12,49). Eben genau das meinen die Verse William Blakes in der auf 1789 beziehbaren Folgerung: „Der Geist des Aufruhrs schoß vom Heiland nieder / Und in den Weinbergen Frankreichs erschien das Licht seiner Wut." Gewiß betreffen Schwert wie Feuer, das nicht nur zerstörende, auch reinigende, in der Jesuspredigt mehr als bloß Paläste; sie geht auf den ganzen alten Aeon, der weg muß. Doch vorn an stehen die Feinde der Mühseligen und Beladenen, die Reichen, die so wenig ins Himmelreich kommen wie – mit voller Ironie des Unmöglichen – das Kamel durch das Nadelöhr. Die Kirche hat das Nadelöhr hernach sehr erweitert und so gewiß ihren Jesus aus dem Blick des Aufruhrs herausgenommen. Mildigkeit, nämlich gegen die Unrechttuer, nicht der Zorn Jesu wurde hier Trumpf. Doch selbst Kautsky, der nur noch „religöse Mäntelchen" sah, mußte im „Ursprung des Christentums" zugeben: „Kaum hat der Klassenhaß des modernen Proletariats so fanatische Formen erlangt wie der des christlichen". Und von ganz anderer, nämlich gerade von einer Seite des „religiösen Mäntelchens", also malgré lui und darum besonders epatant klärt Chesterton über den Schein von lieb Jesulein auf und über nichts als ethische Bravheit nachher und ihre Reformen. Er gibt dem, in „Der unsterbliche Mensch", folgendermaßen Saures: „Jene, welche die Christen beschuldigten, Rom mit Feuerbränden in Trümmer gelegt zu haben, waren Verleumder, aber sie erfaßten die Natur des Christentums weit richtiger als jene unter den Modernen, die uns erzählen, die Christen wären eine ethische Gemeinschaft gewesen und langsam zu Tode gemartert worden, weil sie den Menschen erklärten, sie hätten eine Pflicht den Nächsten gegenüber zu erfüllen oder weil ihre Milde sie leicht verächtlich gemacht hätte." Unüberhörbar schlägt auch dieser Art das subversive Element des Urchristlichen hoch, dazu daß es mit dem Bisherigen und seinem Druck ein Ende haben muß. Darin ist genau ein Gegensaft zur bloßen Milch der frommen Denkungsart, ein Gegenstoß zum Kotau. Die Lauen wollte Jesus ausspeien aus seinem Munde, kein Wort Jesu paßt ideologisch in unsere bisherigen Gesellschaften, am wenigsten die Bergpredigt, jedes ist auf endzeitliche Erwartung, mehr: Bereitung aufgetragen. Seine moralische Anweisung ist nicht verständlich ohne die apokalyptische; das schon lange vor der späten, nicht nur jesuanischen, doch in der jesuanischen Predigt stets bedeuteten Offenbarung Johannis. „Wer beharrt bis ans Ende dieses zerbrechenden Aion, der wird selig" (Mk 13,13), das war so eine strenge Ergänzung zu den Forderungen der Bergpredigt. „Was ich aber euch sage, das sage ich allen: Wacht!" (Mk 13,36). Solches ist doch am wenigsten quietistisch, ja, wie William Blake sagte, gerade auch mit dem Licht in dieser unleugbaren Wut zusammenhängend.

8. JOHN F. KENNEDY

## *Fähigkeit zum Kompromiß*

Man möge nicht vorschnell jeden Kompromiß als unmoralisch verurteilen. Politik und Gesetzgebung sind nicht vereinbar mit starren Prinzipien und unerreichbaren Idealen. In der Politik ist... immer nur das Zweitbeste zu erreichen, und es kann immer nur zwischen zwei Notlösungen gewählt werden.
Gesetzgebung erfordert bei unserer demokratischen Lebensweise und föderativen Regierungsform einen ständigen Ausgleich zwischen den Wünschen aller Individuen und ihrer Umwelt. Henry Clay, der für diese Frage sicherlich kompetent war, sagte einmal, daß Kompromisse der Zement seien, welcher die amerikanische Union bindet. Und weiter! „Alle Gesetzgebung ... beruht auf dem Grundsatz gegenseitiger Zugeständnisse. Möge derjenige, der sich über die Menschen, über ihre Schwächen und Anfälligkeiten, über ihre Bedürfnisse und Nöte erhebt, wenn es ihm beliebt, behaupten: ‚Ich kenne keine Kompromisse.' Wer jedoch nicht über unsere natürlichen Schwächen erhaben ist, möge den Kompromiß nicht geringschätzen!"
Kompromisse verhindern, daß alle Arten von Reformatoren – Alkoholfreunde und Abstinenzler, Internationalisten und Isolationisten, Antivivisektionisten und Vivisektionisten – einander völlig vernichten. Fanatiker und Extremisten, aber auch hingebungsvolle Anhänger fester und starrer Grundsätze sind immer enttäuscht, wenn die Regierung nicht Hals über Kopf ihre Prinzipien anwendet und die ihrer Gegner verwirft. Aber dem Gesetzgeber obliegt es, die innerhalb seines Staates und seiner Partei einander gegenüberstehenden Kräfte zu versöhnen und sie bei einem größeren Interessenkonflikt auf nationaler Ebene zu vertreten. Er allein weiß, daß nur selten – wenn überhaupt jemals – die ganze Wahrheit, alles Recht und alle Engel auf einer Seite stehen.
Einige meiner Kollegen, denen heute Prinzipienlosigkeit vorgeworfen wird und die als Kompromißler verschrien sind, üben einfach nur die hohe Kunst der Versöhnung, des Ausgleichs und der Ausdeutung der Triebkräfte und Gruppierungen innerhalb der öffentlichen Meinung aus – eine Kunst, höchst notwendig, um unsere Nation geeint und unsere Regierung handlungsfähig zu erhalten. Ihr Gewissen mag sie von Zeit zu Zeit ermahnen, gemäß ihren Prinzipien eine standhafte Haltung einzunehmen; ihre Vernunft läßt sie jedoch erkennen, daß ein, wenn auch dürftiges, aber beiden Seiten Rechnung tragendes Gesetz immer noch besser ist als überhaupt kein Gesetz, und daß ohne Kompromisse in Form von Opfern und Zugeständnissen kein Gesetz die einzelnen Instanzen durchlaufen kann.

9. WOLF-DIETER MARSCH

## *Tugenden als Bedingung von Freiheit*

Die Philosophie, besonders der marxistischen Tradition, hat ... einen Begriff geprägt: den der *Selbstentfremdung des Menschen in der industriellen Zivilisation.* Er besagt, daß der Mensch – infolge seiner Bindung in die gesellschaftliche Situation hinein – nicht mehr „bei sich" sein, nicht mehr mit den spontanen, „persönlichen" Antrieben und Fähigkeiten seiner selbst identisch sein kann. Die Herrschaft über Natur und Kultur, die dieser autonome Mensch sich zugemutet hat, schlägt um in ein Beherrschtwerden durch die Mittel seines Überlebens. In die Produktionen, in diese ganze produzierte Um-Welt hinein, ist gleichsam das investiert, was den Stolz und die Würde des Homo faber ausmacht. Und das fixiert sich nun in ihr und zwingt ihn, der Apparatur zu dienen, fremd, entfremdet sein Dasein zu fristen.

...

Dann aber heißt, als Person *in* der Gesellschaft zu existieren, sich diesen Verlust an unmittelbarer und spontaner Subjektivität bewußt zu machen und seiner bewußt zu bleiben. Wenn dies nicht geschieht – erst dann wird der Homo faber wirklich und endgültig zum Sklaven seiner Lebensmittel, erst dann haben die Manager und Manipulatoren von Meinung, Gewalt, Geschmack und Religion das letzte – und einzige – Wort, erst dann ist die An- und Einpassung total geworden. Wo aber jenes Bewußtsein erwacht und wach gehalten wird, da wird die Macht jener Entfremdungsvorgänge gebrochen, da steht der freie und selbstbewußte Mensch gegen jene Macht auf, da erst beginnt Aufklärung als ein Prozeß des Bewußtseins, den jeder einzelne lebenslang durchläuft und von dessen Gelingen es abhängt, ob hier und da in der Gesellschaft auch etwas zum gemeinsamen Nutzen und zum Fortschritt verändert werden kann. Inhaltlich wird dieses Bewußtsein der sozialen Selbstentfremdung sich in bestimmten persönlichen Haltungen, *Tugenden* äußern; auf vier von ihnen möchte ich noch eingehen.

1. Zunächst wird man mindestens den beharrlichen Versuch nicht unterlassen dürfen, jener gesellschaftlichen Prägung unseres Daseins gegenüber in einer gewissen *kritischen Distanz* zu bleiben. Distanz – nicht um sich selbst in die private Idylle oder in die ziellose Reflexion der ewig Unentschiedenen hinein zu retten, wohl aber, um sich die Fähigkeit des Wählens und Entscheidens zu erhalten beziehungsweise zu fördern! Dies ist im Alltag des Markts durchaus selbstverständlich: Man wählt und prüft die angebotenen Waren, nimmt nicht jede Werbung für bare Münze (aber auch nicht für pure Lüge), und man lernt auch, den Fernsehschirm abzuschalten; man wird immun gegen Überbeeinflussungen; und unser konventionelles ‚Verkehrsverhalten' ist durchsetzt von Gebärden und Redensarten, die erkennen lassen, daß wir es so ganz ernst nicht meinen: im Umgangston mit Behörden und Verkäufern, im Verhandeln und Feilschen. Schon hierin dokumentiert sich ein Stück Freiheit vom Markt, ein Spiel mit der Fülle der Möglich-

keiten, eine Art von gelassener Offenheit, die immer noch aus ist auf Besseres und Endgültiges, die das Vorläufige aber in seiner Vorläufigkeit stehen läßt.
Schwieriger steht es um diese Tugend der Distanz freilich, wo es um ein Überschauen größerer gesellschaftlicher Zusammenhänge geht. Denn dies erfordert eine Informationsfülle, die wir meistens nicht haben, fordert auch ein Vermögen der Abstraktion, einen Willen zur Intellektualität. Einen solchen Willen kann man nicht erzwingen; er ist auch an bestimmte Voraussetzungen der individuellen Begabung gebunden. Aber vielleicht kann man ihn doch langsam sogar gesellschaftlich bilden. Der Ruf nach Bildung ist heute in vieler Munde. Sie ist uns aus diesem einfachen Grund lebensnotwendig: um Distanz zu lernen, um gesellschaftliche Zusammenhänge zu durchschauen, um von einer Freiheit der Person nicht nur abstrakt und schöngeistig zu fabulieren.

2. Als eine Frucht solcher Distanz wäre eine Tugend zu nennen, von deren Notwendigkeit viele Sozialpsychologen überzeugt sind: die Fähigkeit, *sich selbst zu relativieren* und zugleich eine gewisse Unsicherheit des eigenen Verhaltens bewußt in Kauf zu nehmen. Der erwachsene freie Mensch reift heute später und zögernder zu einem, der wirklich ‚weiß, was er will', ohne borniert und eigensinnig zu werden, der den Kreis seiner Möglichkeiten zu umschreiten vermag. (Diese Art von Reife hat natürlich mit der physisch-sexuellen nichts zu tun.) Die Lebensanforderungen in der industriellen Zivilisation sind nämlich im buchstäblichen Sinne ‚Zeit-raubend' – das heißt, sie lassen nicht genügend Zeit, um in Ruhe seinen eigenen Weg zu wählen und zu finden – aus Gründen, die ich zuvor erwähnte. Wenn man sich dies bewußt macht, wird es einfach leichter, die Relativität auch der eigenen Entscheidungen richtig einzuschätzen, der Vor-Läufigkeit unseres Person-Werdens eingedenk zu bleiben. Nur ein Beispiel: Nicht selten hört man von den Eltern, daß sie ihren Kindern solche Unsicherheit vorwerfen: in der Berufs- und besonders in der Lebenspartnerwahl – nach der Melodie: ‚wir wußten noch, was wir wollten, warum seid ihr so unentschieden?' Täte man nicht besser, dieses Sich-Hineinfinden in die Relativität positiver zu bewerten – positiver jedenfalls als die hurtige, aber festgelegte Entscheidungsfreudigkeit, die immer schon weiß, was zu tun ist, wohin man gehört und was dem Menschen frommt? Gerade darin werden die Festgelegten nämlich nicht selten zu Opfern der gesellschaftlichen und ideologischen Manipulationen. Eilfertige Frühehen etwa werden nicht selten als eine vermeintliche Konsequenz aus solchen Entscheidungszwängen geschlossen – in Wahrheit sind es abgebrochene Erprobungsversuche; und sie sind darum gefährdeter als Partnerschaften, die eine ‚Probezeit' hinter sich haben. Gerade der Festgelegte wird allzu leicht zum bourgeois – enttäuscht und irritiert durch das, worauf er sich fixiert hat, begrenzt durch seine nunmehr aufgezwungenen Möglichkeiten, dankbar ergeben der angebotenen Ideologie, gefüttert mit einem bestimmten Quantum von Information, über das hinaus er nichts mehr aufzunehmen vermag und dann auch nicht aufnehmen will; gerade er wehrt sich aggressiv dagegen, daß er sich selbst nicht richtig entschieden haben könnte.
Wer jedoch gelernt hat, sich selbst und seine Möglichkeiten zu relativieren, der bleibt offen für Neues, für Wandlungen in der gesellschaftlichen Umwelt wie

im eigenen Lebensweg. Er ist in der Zukunft beheimatet. Die Suche nach Identität bleibt ihm lebenslang aufgegeben. Gewiß: Diese Tugend der Relativierbarkeit macht unsicher, sie ist als Haltung schwieriger zu praktizieren als die bereitwillige Fixierung. Diese Schwierigkeit jedoch werden wir in Kauf nehmen müssen. Ihr auszuweichen, würde bedeuten, daß jener ‚Zeit-raubende' Prozeß des Menschwerdens in Gesellschaft verharmlost wird. Die Folgen sind: Blindheit, Enge, Hilflosigkeit angesichts von gesellschaftlichen Zwängen und totalitären Extremen.

3. Sind es nicht jene der Relativierung Unfähigen, denen eine weitere Tugend mangelt, ohne die gesellschaftliche Freiheit unmöglich ist: *Toleranz?* Wiederum lehrt uns der geschäftige Alltag, daß man unausgetragene Gegensätze ertragen können muß: Man ‚bleibt im Gespräch', obgleich man weiß, daß man sich vorläufig nichts zu sagen hat; Verhandlungen ‚sind noch nicht abgeschlossen', obgleich man nicht weiß, wie weiter verhandelt werden soll; theoretische und ideologische Streitfragen bleiben ‚in der Schwebe', obgleich jedermann glaubt, auf seiner Meinung beharren zu müssen. Man muß sich ertragen! Die Tugend der Toleranz hat im deutschen Sprachgebrauch noch immer einen leicht abwertenden Beiklang: Der Tolerante gilt als weich, unentschlossen, schwach (besonders wenn es um grundsätzliche und theoretische Fragen geht). Ist es nicht gerade umgekehrt als ein Ausdruck innerer Stärke zu werten, wenn man den Andersdenkenden neben sich ertragen kann? Eine Kultur, die nun einmal der Subjektivität – der Wahl- und Meinungsfreiheit sowie der privaten Lebensgestaltung – so viel Raum gegeben hat wie nie zuvor, braucht das Nebeneinander von unausgeglichenen Überzeugungen, damit praktisch ein gemeinsames Handeln möglich wird. Und die Fähigkeit, den ‚Anderen' zu tolerieren, bedeutet ja in Wahrheit gar nicht, alles zu nivellieren und zu verzeihen, sondern sie ist ein Ausdruck dafür, daß man selbst aus einer innerlich begründeten ‚Position' lebt, anderes hören und abwägen kann, jedenfalls nicht unbedingt zu überzeugen und zu bekehren braucht. Sie ist, anders gesagt, ein politischer Ausdruck dessen, was wir mit dem großen Wort ‚Liebe' meinen: den anderen in seinem Anderssein annehmen. „Liebende können sterben", hat einmal kurz und etwas rätselhaft Hegel gesagt. Sie können sich hineingeben in ein Anders-als-sie-selbst, sie können sich vermitteln; sie brauchen nicht ängstlich an der Identität ihrer Überzeugungen festzuhalten – weil sie ihnen von anderswoher zuteil wird.

4. Und damit eine letzte Tugend, die schwierigste vielleicht: *personale Autorität,* die ohne institutionelle Sicherungen zu überzeugen vermag, weil sie aus einem Glauben, einer angenommenen Identität kommt. Über Autorität mag heute kaum einer gern reden, weil man darunter zumeist nur die institutionell versicherte versteht: die des Vaters, des Lehrers, des Pfarrers, Arztes oder Beamten – also die Autorität, die einer aus seinem ‚Amt' hat. Diese Art von Autorität, die sich unter der Maske der Institution versteckt, ist uns längst zweifelhaft geworden. Gewiß, man muß sie hier und da fürchten, muß sich ihr beugen. Aber man kann sie als solche nicht achten. Denn Herrschaft und Ordnung beruhen, wie wir ausführten, auf funktionaler Sachlichkeit, auf Technizität – nicht auf einer religiösen oder vor-rationalen Loyalität.

Um so lebenswichtiger aber wird es für diese industrielle Zivilisation, daß es in all den institutionellen Vermittlungen einzelne Menschen gibt, auf die man hört, die zu überzeugen vermögen, denen man vertraut. Ihnen merkt man es an, daß sie nicht nur sachgerecht funktionieren, sondern daß sie auch *sind,* was ihnen ihr ‚Amt' zumutet, daß sie auch zornig werden können um der Sache willen, die sie vertreten: der Vater, der mit seinem Kinde ‚mitgehen' kann; der Lehrer, der seinen Schülern zur Mündigkeit verhilft; der Pfarrer, der schlicht und vernünftig sagt, was er glaubt, statt sich hinter ‚objektive' Lehren zu verstecken; der Arzt, der den Mythos des Medizinmannes zu durchbrechen weiß; der Beamte, der es nicht nötig hat, sich fortwährend in die Kompetenzen seines Ressorts zu verbergen. Diese Autorität ist gefordert. Sie hebt gewiß die unentrinnbaren institutionellen Zwänge nicht auf. Sie lockert sie aber, macht sie durchlässig für das, was ich hier als gesellschaftliche Freiheit anzudeuten versuche: das Bewußtsein einer *personalen Identität in aller institutionellen Selbstentfremdung.* Der Anspruch auf diese Freiheit (so wird man vielleicht zusammenfassend sagen dürfen) ist nicht mehr zurücknehmbar. Und der vordergründige Spielraum solcher Freiheit scheint auch unerhört gewachsen zu sein. Es gibt ein Recht auf eigene Lebensgestaltung – ja, ein Recht auf Glück, auf gelungenes weil gemeistertes Dasein, Gebote, Vorschriften, Sanktionen können uns dies nicht absprechen: denn der Mensch soll vor Gott eine eigenständige freie, sich selbst bestimmende Person sein. Aber dieser Anspruch begegnet nun bestimmten Zwängen der gesellschaftlichen Regulierung. Die Gesellschaft scheint der freien Person kaum zu bedürfen, sie braucht vielmehr das angepaßte, sich ohne Mucken einordnende Wesen. Das ist es, was man *Dialektik der Freiheit* zu nennen pflegt: die Gesellschaft, die eine freie zu sein beansprucht, beraubt sich selbst der Praxis solcher Freiheit; eigen-ständige Tugend scheint, um überleben zu können, sich den Anpassungen an ‚objektive', ohne uns funktionierende Regelungen nicht entziehen zu können. Aber das ist Schein, den es zu durchschauen gilt: denn in solchen nur ‚objektiven' Regelungen ginge allemal das verloren, wovon diese industrielle Zivilisation nun einmal lebt: das Bewußtsein, Herr unseres Geschicks zu *bleiben,* frei *werden* zu können. Solcher Dialektik der Freiheit eingedenk zu sein – das dürfte die erste und letzte ‚Regel' sein, um uns zu einem ‚tugendhaften' Leben im Gesellschaftlichen zu verhelfen. Nach Identität der Person fragen *in* all den Vorgängen und Prozessen, die uns unserer selbst zu entfremden drohen!
Aber kann man das, und wie kann man das? Hier muß ich abschließend auf mein Verständnis des christlichen Glaubens rekurrieren. Ihm verdanke ich die Einsicht, daß jene Suche nach personaler Identität nicht vergeblich ist: Einst, in den Geschichten des Neuen Testaments, zerbrach Jesus von Nazareth an der Übermacht der zu jener Zeit sakrosankten gesellschaftlich-religiösen Institutionen. Sie brachten ihn ans Kreuz – mit all dem, was er gelehrt und seinen Zeitgenossen bedeutet hatte: daß nämlich allen Menschen vor Gott eine unendliche Freiheit zukomme, sie mögen ‚weltlich' gestellt sein, wie sie wollen; daß die einzelne Person Gott unendlich wertvoll ist und daß die Unangepaßten selig zu preisen sind. Diese Lehre brachte Jesus ans Kreuz. Das Kreuz aber wurde zum Symbol einer Erwartung

*dieser* humanitas – über die Abgründe von Tod, Scheitern, Nichts und Sinnlosigkeit hinaus: denn die Zeitgenossen haben den Gekreuzigten als den vom Tode Auferweckten und Wiederkommenden geglaubt. Mit diesem Glauben haben sie an all dem festgehalten, was Jesus ihnen mitgeteilt hatte; es sollte ja kein anderer sein, der sie durch ihre Geschichte begleitet: kein anderer als der, der ihnen gesagt hatte: eure Identität ist bei Gott geborgen.
Vielleicht gilt es heute, Gesellschaftlichkeit als Kreuz anzunehmen und die christliche Auferstehungshoffnung neu zu begreifen: als Hoffnung auf personale Identität, die in aller institutionellen Selbstentfremdung nicht verloren geht. Dann wären jene vier Tugenden, von denen ich sprach, nicht unerfüllbare Forderungen, sondern sie wären Angebote, Anleitungen, Wegemarken zu dem hin, was ‚Nachfolge Christi' unter den heutigen Lebensbedingungen bedeutet.

## 10. DOROTHEE SÖLLE

### *Tugenden der Phantasie*

In der Geschichte der Philosophie gibt es einen alten Streit zwischen denen, die von Tugenden und Pflichten, und denen, die vom Glück der Menschen ausgehen. Der Streit ist, wie es sich für philosophische Probleme gehört, nie beigelegt worden, erst die Praxis, die in einer sich selbst bestimmenden Gesellschaft möglich werden kann, könnte ihn entscheiden. Zumindest kann man sich eine Gesellschaft vorstellen, in der diese Frage nicht von einigen für die meisten vorweg entschieden wird, sondern in der der einzelne selber darüber bestimmt, wie er Tugend übt. Dann wird sich herausstellen, *wie* problematisch und zerstörerisch es ist, einer vorbestimmten Gruppe von Menschen Gehorsam abzuverlangen, der zuvor durch fixierte Konstellationen nötig gemacht worden ist. Das Schema, in dem da gedacht wird, schreibt den Kindern den Gehorsam, den Jugendlichen die Enthaltsamkeit, den Frauen die Selbstlosigkeit und den Männern den angestrengten Leistungswillen vor. Aber der Mensch muß die Art seiner Tugend aus seiner eigenen Situation selber finden können, und er muß Einfluß auf die Situationen haben, er muß sie mitbestimmen können. Spontaneität, Mitbestimmung, Freiheit sind Bedingung jeder Tugend, die überhaupt das Reich des Tieres, nämlich der Notwendigkeit und der Dressur, verlassen hat.
Die psychische Grundlage der neueren Tugenden ist dann nicht mehr der Gehorsam, der sich an Normen mißt, der die Schwierigkeiten einer Situation auf sich nimmt, die Ordnung hält und erträgt, was zu ertragen ist, sondern die Phantasie. Sie ist die Mutter der Tugenden von morgen. Jahrhundertelang ist es in der Familie der Tugenden so ähnlich zugegangen wie in den besten Ehen, die das bisherige System der Gesellschaft hervorgebracht hat; damit das Leben erträglich wurde, mußten die Frauen ihre Männer immer wieder überlisten. So hat auch die Phantasie den Vater Gehorsam immer wieder überlistet, um wenigstens für Augenblicke menschliche Verhältnisse herzustellen. Heute, da der Gehorsam mit der

Herrschaft der Väter abdankt, kann die Phantasie mit ihren Kindern ein besseres Reich begründen, weil ihre Energien sich nicht mehr mit der Überlistung aufhalten müssen. Freigeworden, stürzen sie sich in das Abenteuer der Tugend von morgen: die Erfindung von neuem, anderem Glück. Phantasie ist ins Gelingen verliebt, sie läßt sich etwas einfallen. Sie sprengt den Zwangsmechanismus von Leuten, die sich opfern, und Leuten, die Opfer annehmen müssen. Sie infiziert ihre Umgebung mit Glück.

Es ist ein ethisches System denkbar, in dem alle Tugenden, die unsere Phantasie nicht brauchen, überflüssig werden. Der Gehorsam wird abgelöst. Ordnung, Pünktlichkeit, Sauberkeit, Sparsamkeit und Fleiß – um nur einige Gehorsamstugenden zu nennen – werden nur noch dort Sinn haben, wo sie im Dienst der Einfühlung in den anderen Menschen stehen. Pünktlichkeit gilt nicht als solche für gut, aber die Phantasie weiß, wie Unpünktlichkeit in bestimmten Situationen verletzten kann. Unordnung ist kein Unglück, aber sie kann unsere Spannkraft und Wachheit störend aufhalten. Sie kann Zeit fortnehmen, ja sie kann das Strahlende, das ein Mensch haben kann, verdunkeln.

Es ist ein ethisches System denkbar, in dem sich alle Tugenden auf Phantasie gründen. Ich nenne einige dieser neuen Tugenden, die gerade für das nahe Zusammenleben der Menschen im privaten Bereich wichtig werden: die Toleranz und der Humor, der gerechte Zorn und die Einfühlung, die Initiative und die Beharrlichkeit einer produktiven Vorstellungskraft.

Die Phantasie Christi ist Phantasie der Hoffnung, die nichts und niemanden aufgibt und sich von den konkreten Rückschlägen nur zu neuen Erfindungen provozieren läßt. Die Phantasie des Glaubens hält am Bilde einer gerechten Gesellschaft fest und läßt sich das Reich der Gerechtigkeit nicht ausreden. Die Phantasie ist das „know how", das „gewußt wie" der Liebe, sie geht nicht schlafen, bevor ihr nicht etwas eingefallen ist, sie ist unerschöpflich im Erfinden besserer Wege. Sie ist produktive Unendlichkeit für andere. Diese Art Transzendenz ist den Christen bald nach Jesus von Nazareth weitgehend abhanden gekommen, eine Jenseitstranszendenz schien ihnen angemessener.

# III. KIRCHENPOLITISCHE KONKRETIONEN

## 1. KATECHISMUS DES DON MAZZI

### *Christus ist Mitte, Fundament und Ziel*

*Christus ist Mitte, Fundament und Ziel des Weges der Menschheit, besonders bei ihrer Suche nach der Wahrheit, der Suche nach Gott, die für ihren Weg so wichtig ist.*

Der ‚Menschensohn' macht sich zu eigen, was es in seinem Volke und überall auf Erden an Suche nach Gott und an Gotteserfahrung gab. Christus hebt die Religion Israels nicht auf, sondern deutet sie als das Vorläufige, das er zur Erfüllung bringt. Er ist es, wie er selbst sagt, der die wahre Überlieferung Israels fortsetzt, in dem die reinsten Linien der Gotteserfahrung Israels zur Erfüllung kommen, an die sich die wahren Israeliten hielten.

Zugleich aber weiß er sich gesandt, die Axt an das religiöse System zu legen, das die führenden Schichten aufgerichtet und dem Volke auferlegt hatten. Er muß dagegen kämpfen, daß diese Leute beanspruchen, allein die Repräsentanten Gottes und zu Mittlern zwischen Gott den Menschen bestellt zu sein. Er muß das falsche Gottesbild zerstören, das man dem Volke gekennzeichnet hatte.

Der Gegensatz zwischen Jesus und den Führern des jüdischen Volkes macht uns das ganz klar und deutlich. Sie sehen in ihm einen Umstürzler, einen Gottlosen, einen Gotteslästerer. So mußte er den Anhängern einer in äußerlichen Geboten und Riten erstarrten Religion erscheinen, in der die Machthaber, die Reichen und die Gelehrten Gott mit Beschlag belegt hatten, um die eigene Macht und Herrschaft zu festigen (wobei die einzelnen durchaus guten Glaubens sein mochten . . .).

Im wesentlichen brachten diese Führer des jüdischen Volkes vor:

Wer bei Gott Verzeihung, Gnade und Segen erlangen will, muß uns, die Priester, Führer und Lehrer, als Mittler anerkennen; er muß sein Leben an dem Gottesbild ausrichten, wie wir es in Vollmacht vorstellen; er muß der Kraft der Riten vertrauen, die nur wir wirksam vollziehen können; er muß auf unser Wort hören als auf Gottes Wort, denn wir haben es weiterzugeben und auszulegen; er muß glauben, daß wir im Namen Gottes die Wahrheit lehren; er muß das Gesetz Gottes, über das wir wachen, so befolgen, wie wir es festlegen; er muß die Privilegien anerkennen, die wir als Gottes Repräsentanten haben, und die Steuern entrichten, die uns als Dienern Gottes geschuldet sind . . .

Da kommt nun ein Mann aus der ‚ungebildeten' Masse des Volkes, dieser Handwerker aus Nazareth, und sagt: „Der Menschensohn hat auf Erden Macht, die Sünden zu vergeben!"

Vor einer so klaren Aussage, die man für Gotteslästerung hält, werden alle jene Ansprüche auf Mittlerschaft nichtig. Damit nimmt Jesus den Mächtigen, Reichen und Gelehrten die stärkste Waffe, mit der sie das Volk in der Hand hatten: die Macht über die Gewissen, die sie auszuüben vermochten kraft des fixierten Gottesbildes und ihres Anspruchs, Mittler zwischen Gott und den Menschen zu sein.

Das Evangelium ist hinsichtlich dieses Sachverhalts ganz eindeutig und klar. In den nachfolgenden Zeiten hat man darum auch immer an der Lehre festgehalten, daß Jesus der einzige Mittler sei; trotzdem haben dann aber wiederum Gelehrte, Mächtige und Reiche Wege zu finden gewußt, um sich als Werkzeuge und Mittler Gottes dazwischenzuschieben. Sie machten sich zu ausschließlichen Mittlern zwischen den Menschen und Christus! Auf diese Weise ließen sie die frühere Spielart der Religion und ihren *Circulus vitiosus* wieder aufleben. Sie belegten Christus mit Beschlag und konnten sich dadurch wieder zu alleinigen Repräsentanten Gottes machen und Macht über die Gewissen gewinnen.

Durch die ganze Geschichte der Kirche zieht sich neben einer Linie treuer Nachfolge Christi diese Linie der Untreue, die die Linie der Treue verdeckt, niederhält und unglaubwürdig erscheinen läßt. Für diese Untreue sind wir Christen alle verantwortlich. Wer wollte leugnen, daß wir Christen uns den anderen Menschen gegenüber zu einer Art höheren Rasse gemacht haben? Daß wir uns praktisch identifiziert haben mit Christus, dem Evangelium, der Wahrheit und dem Heil? Wir sollten ‚Diener' sein und haben uns zu ‚Herren' gemacht.

Eine unmittelbare Konsequenz und ein Zeichen dieser Entartung ist die Tatsache, daß wir Christen zu selbstsicheren und selbstzufriedenen ‚Konsumenten' der Wahrheit, der Gnade und des Heiles geworden sind. Man braucht nur darauf zu achten, wie sich das Leben der Pfarrei abspielt: nach Art nämlich einer großen Gesellschaft, einer Versorgungsinstitution, die alle zur eigenen Sicherung erforderten Mittel zur Verfügung stellt. Die Christen sehen in der Pfarrei eine Art Lieferanten der Heilszuversicht; hier finden sie alles: die Sakramente, die Segnungen, die wahre Lehre, die Verhaltensnormen und schließlich noch Organisationen, in denen man durch Werke der Barmherzigkeit Verdienste erwerben kann. Selbst das Kind kommt zum Katechismusunterricht schon in dieser Haltung eines Konsumenten. Dabei hat es an sich durchaus ursprüngliche Antriebe. Die Haltung des Konsumenten paßt gar nicht zu ihm. Es will die Welt entdecken, von sich aus etwas tun und neigt zu Vertrauen, Selbstlosigkeit und Freundschaft. Diese Eigenschaften des Kindes werden jedoch meistens im Katechismusunterricht und im Gottesdienst ebenso wie im Milieu der Pfarrei und der Gesellschaft vernachlässigt. Statt dessen fördert man bei ihm die Haltung eines privilegierten Konsumenten und erreicht damit, daß es sich langweilt, keinerlei Gewinn daraus zieht und sich erdrückt fühlt.

Man sollte nicht allzusehr darüber klagen, daß die meisten jungen Leute bei der erstbesten Gelegenheit mit einem Gefühl tiefer Erleichterung alles über Bord werfen, was mit ihrer religiösen Umwelt und mit der kirchlichen Institution zu tun hat. Schon gar nicht sollten wir zu äußeren Maßnahmen oder taktischen Mitteln greifen, um diese vitalen und heilsamen Reaktionen zu verhindern. Wir sollten uns vielmehr fragen, ob wir es noch weiterhin verantworten können, durch ein

solches kirchliches Konsumentensystem die ursprünglichen und tiefen Bedürfnisse der Kinder und jungen Leute zu mißachten und ihnen, wie überhaupt dem Volke Gottes, Hindernisse in den Weg zu legen.
Wir sind überzeugt, daß es im kirchlichen Leben nach jeder Hinsicht, nicht zuletzt hinsichtlich der Katechese, dringend zu tiefgreifenden Veränderungen kommen muß. Durch vielerlei Zeichen wird die Kirche vom Geiste aufgefordert und gedrängt, sich freizumachen und jedwedem Anspruch ausschließlicher Mittlerschaft und von all den Formen, in denen Gott, Christus, das Evangelium und das Heil zum System erstarrt und monopolhaft ihrer Verfügung überantwortet erscheinen.

## 2. BENSBERGER KREIS

### *Öffentlichkeit und Sachlichkeit, Kritik und Kontrolle in der Kirche*

7.4.1. Für das gesamte Leben der Kirche ist es von größter Bedeutung, ob eine innerkirchliche Öffentlichkeit vorhanden ist oder nicht. Öffentlich ist ein Geschehen dann, wenn es sich zumindest potentiell vor den Augen aller abspielt. Öffentlichkeit von Entscheidungsprozessen und öffentliche Meinungen müssen als notwendige demokratische Elemente in der Kirche anerkannt und legitimiert werden. Die gegenwärtige Unsicherheit des Kirchenvolkes, die allzugern den Reformen zur Last gelegt wird, ist in Wirklichkeit bedingt durch jahrzehntelange, teils jahrhundertelange mangelnde theologische und innerkirchliche Information wie auch durch kleingläubiges ängstliches Vertuschen und unredliche Harmonisierungsversuche von Unstimmigkeiten und Gegensätzen innerhalb der kirchlichen Tradition und Dogmengeschichte, durch unwahrhaftiges Verschönern und Verschweigen innerkirchlicher Praktiken, durch patriarchalische Verhaltensweisen in Predigt, Schulkatechesen und sonstiger Verkündigung. „Das nachhinkende theologische Bewußtsein des Kirchenvolkes, zustande gekommen durch eine mangelhafte innerkirchliche Öffentlichkeit, erweist sich als größtes Hindernis auf dem Wege zu einer wirksamen öffentlichen Meinung der Kirche" (Werner Post).
7.4.2. Dabei wird man sich vor einer Scheinöffentlichkeit in der Kirche zu hüten haben. Diese tritt dann ein, wenn man so tut, als ob eine Öffentlichkeit vorhanden wäre, in Wirklichkeit diese Öffentlichkeit aber doch von einem einzelnen oder von einer kleinen Gruppe manipuliert wird mit dem bewußten oder unbewußten Ziel, die eigenen Machtpositionen zu bewahren, allerdings unter dem Mantel eines scheindemokratischen Verhaltens. Mehrere Tendenzen der katholischen Kirche in der Bundesrepublik Deutschland machen diese Gefahr deutlich, zum Beispiel manche Bestimmung über die Wahl und die Kompetenz der Pfarrgemeinderäte oder manche Vorgänge im Zusammenhang mit der gemeinsamen Synode der Diözesen in der Bundesrepublik Deutschland. Es ist die Pflicht aller Kirchenglieder, solchen Tendenzen gegenüber kritisch darüber zu wachen, daß eine innerkirchliche Öffentlichkeit allmählich entsteht und sich entfaltet.

7.4.3. Öffentlichkeit und Privatheit müssen auch in der Kirche in einer fruchtbaren Polarität stehen und sich gegenseitig bedingen. Es hat den Anschein, daß der Raum der Privatheit im religiösen Bereich eher im Wachsen begriffen ist. Probleme wie die Wahl einer bestimmten Partei, der religiösen Erziehung der Kinder, aber auch der geschlechtlichen Beziehungen und der Kinderzahl werden nicht mehr so sehr durch festgesetzte Normen und Institutionen der Kirche entschieden, sondern durch das Gewissen des einzelnen. Diese Entwicklung ist auch von der Amtskirche zu respektieren. Die Kirche darf kein geschlossenes soziales System sein, das alle seine Mitglieder vollständig in sich integrieren will. Sie muß vielmehr eine offene Institution bilden, die den Raum der Privatheit achtet. Dies bedeutet keine willkürliche Beliebigkeit, sondern erkennt im Gegenteil dem einzelnen eine große Verantwortung zu, die aber vom christlichen Glaubensverständnis her zu bejahen ist. In einem bestimmten Sinne muß die Kirche den einzelnen in den Raum der Privatheit hinein entlassen. Erst ein solcher Raum garantiert eine innerkirchliche Öffentlichkeit und umgekehrt.

7.4.4. Der Öffentlichkeitscharakter von Beratungen und Verhandlungen auf allen Ebenen, vom Pfarrgemeinderat bis zur Nationalsynode, von den nationalen Bischofskonferenzen bis zur römischen Bischofssynode vor der Herausgabe von Erlassen, Richtlinien und Rahmenordnungen schließt das Recht zur Kritik ein. Kritik ist unerläßlich, damit Argumente zur Sprache kommen und Sachkompetenz sich herauskristallisieren kann. Sachgerechte kirchliche Lösungen lassen sich bei Meinungsverschiedenheiten von innerkirchlichen Gruppen nur finden bei frei und offen ausgetragenen Konflikten. Gegensätze können nicht durch autoritativen Machtentscheid aufgehoben und nicht in geheimer Kabinettspolitik ausgeschaltet, sondern nur in brüderlicher Gesinnung durchgestanden werden. Ein solcher dialogischer und dialektischer Prozeß und die von allen gewollte kirchliche Einheit ist nicht zu verwechseln mit undifferenzierter Uniformität oder mit erzwungener Gleichschaltung.

7.4.5. Wenn die Kirche demokratisiert werden soll, wird es entscheidend darauf ankommen, schon bei jungen Menschen auf eine richtige Gewissensbildung zu achten und eine begründete und sachliche Kritik als legitim und notwendig anzuerkennen. Wird die Legitimität, ja die Notwendigkeit der Kritik betont, dann wird gerade auch der junge Mensch um so eher willens sein, eine Autorität anzuerkennen, die sich als Dienst an der Gemeinde versteht und Kritik als Zeichen des Interesses aufnimmt und sich auf sie einläßt. Ein totalitäres System kann Kritik nicht zulassen, da eben dadurch sein Totalitäts- und Absolutheitsanspruch in Frage gestellt wird. Eine offene Institution, wie es die Kirche sein soll, auf die Mitarbeit und Mitverantwortung aller Glieder aufgrund ihres eigenen Selbstverständnisses notwendigerweise angewiesen, lebt von der Kritik ihrer Glieder. Gerade eine solche Kritik garantiert ihr Dynamik und Flexibilität und führt zu einem dauernden Bemühen um eine Reform der Kirche.

7.4.6. Dem wachsenden Pluralismus in der Gesellschaft entspricht auch eine zunehmende Pluralität von Meinungen in der Gesamtkirche und in den einzelnen kirchlichen Gemeinden. Es gibt heute nicht mehr *den* katholischen Standpunkt in

allen gesellschaftlichen, kulturellen und politischen Fragen (wenn es ihn jemals wirklich gegeben hat). Aber auch hier könnte es sich aufgrund des christlichen Glaubensverständnisses erweisen, daß eine kirchliche Gemeinde oder ein Bistum exemplarisch vorlebt, wie man Minderheiten respektieren und sich um eine enge Kooperation mühen muß. So wird es auch in den Teilkirchen viele Entscheidungen mehr organisatorischer Art geben, wo – manchmal auch knappe – Mehrheitsbeschlüsse zu fällen und von der Minderheit zu respektieren sind, zum Beispiel, wenn es um die Frage der Gottesdienstzeit oder eine bestimmte finanzielle Entscheidung geht. Je mehr es sich aber um grundsätzliche Fragen des christlichen Glaubens und dessen heutige Verwirklichung handelt, desto unmöglicher wird es, darüber mit knappen Mehrheiten zu entscheiden. Hier muß der Zwang zur Übereinkunft zwischen den verschiedenen Strömungen eintreten, oder die anstehende Frage muß offengelassen werden. Der Glaubenssinn der Kirche wird mißachtet, wenn ein Amtsträger sich anmaßt, eine solche offene Frage in dieser oder jener Richtung zu entscheiden. Das Offenlassen der Frage würde nur auf eine alte Praxis der Kirche zurückgreifen, wonach eine theologisch umstrittene Frage vom Lehramt nicht entschieden werden kann (vgl. die Auseinandersetzung zwischen Molinismus und Thomismus im sogenannten Gnadenstreit).
Wenn man von einigen unerfreulichen Manipulationen absieht, wird man sagen können, daß die Bischöfe während des Zweiten Vatikanischen Konzils sich im allgemeinen um eine solche umfassende Übereinkunft bemüht haben. Es wird notwendig sein, diesen Zwang zur Übereinkunft in entscheidenden Fragen durch eine qualifizierte Mehrheit zu institutionalisieren.
7.4.7. Notwendige kirchliche Reformen müssen mit Sachverstand ermittelt und verwirklicht werden. Diese Sachorientierung sollte wegweisend sein bei der Neuordnung der Aus- und Weiterbildung aller haupt- und nebenberuflichen kirchlichen Kräfte, bei der Neugliederung des Raumes in Bistümer, Regionen, Pfarrverbände und Gemeinden, bei der Neugestaltung des pfarrlichen und zielgruppenorientierten pastoralen Dienstes, bei der Reform der Praxis der Sakramente und der Liturgie sowie auch bei der theologischen Interpretation des Neuen und Alten Testamentes und der kirchlichen Traditionen. Den Theologen, die den christlichen Glauben zur methodischen theoretischen Explikation bringen, ihn dem jeweiligen Zeit- und Weltverständnis zu konfrontieren und ihn immer besser und adäquater zu interpretieren haben, muß um der ungehinderten und uneingeschränkten Wahrheitssuche willen der genügende Raum der Freiheit des Forschens und Lehrens zuerkannt werden. Die Kirchenleitungen widersprechen der geforderten Sachgerechtigkeit, wenn sie Fragen wissenschaftlicher Theologie auf autoritärem Wege entscheiden wollen. Es ist zu prüfen, welche Art von Einrichtungen geschaffen und wie sie organisiert sein müssen, um die Freiheit der theologischen Diskussion nicht nur zu sichern, sondern ihr auch einen angemessenen Öffentlichkeitscharakter zu verleihen.

## 3. KÖLNER THESEN ZUM RELIGIONSUNTERRICHT

1. Der Religionsunterricht muß von den Lernzielen und Erziehungsaufgaben der Schule her begründet werden. Im Fächerkanon der höheren Schule leistet er „in Übereinstimmung mit den Grundsätzen der Religionsgemeinschaften" (G.G. Art. 7,3) einen spezifischen Beitrag zur kritischen Erfassung und Interpretation der Wirklichkeit mit dem Ziel, den Schüler zum verantwortlichen Handeln fähig zu machen. Religionsunterricht ist daher ordentliches Lehrfach.
2. Der Religionsunterricht wendet sich an alle Schüler, nicht nur an gläubige. Er ist auf Sachinformation und kritisches Verstehen von Religion, Glaube und Kirche angelegt. Er soll dem Schüler helfen, religiöse Vorstellungen kennenzulernen und zu prüfen. Damit ist dem Schüler die Möglichkeit gegeben, in voller Freiheit eine eigene Glaubensentscheidung zu treffen und die anderer tolerieren zu lernen.
3. Für den Religionsunterricht gelten die didaktischen und methodischen Prinzipien der Schule. Daher soll sich der Religionslehrer durch ein Fachstudium und eine entsprechende pädagogische Ausbildung qualifiziert haben. Da der Religionsunterricht hohe Anforderungen an den Lehrer stellt, muß dieser die Möglichkeit haben, sich ständig fachlich fortzubilden und neue Unterrichtsmodelle zu erproben.
4. Das kritische Informationsbedürfnis einer zunehmenden Zahl von Schülern des weiterführenden Schulwesens drängt auf eine breitere Thematik, als sie bisher im Religionsunterricht angeboten wurde. Die Schüler wünschen unter Einbeziehung der gesellschaftlichen Problematik eine ausführlichere Berücksichtigung verschiedener Bekenntnisse, Religionen und Weltanschauungen. Diese Bestrebungen sind religionspädagogisch ernst zu nehmen und auch positiv zu bewerten. Daher müssen didaktische Überlegungen zu einem Curriculum des Religionsunterrichtes führen, in dem die Aufgaben der konkreten Kirchen in der Welt, die Vielfalt der Theologien, Religionen und Weltanschauungen im Zusammenhang mit Fragen der Selbstverwirklichung des Schülers und Problemen der Gesellschaft zur Sprache kommen. Grundsätzlich gilt dies für den gesamten konfessionell erteilten Religionsunterricht.
5. Im Religionsunterricht der Oberstufe (Kollegstufe, Sekundarstufe II) sollte in Zukunft den Schülern – wie in den anderen Fächern – Themen- und Lehrerwahl möglich sein. Der Religionsunterricht kann dann in der Zusammensetzung der Schülergruppen konfessionell bestimmt oder ohne konfessionelle Spezifizierung sein. Hierbei soll die Konfession des Religionslehrers den Schülern bekannt sein und im Unterricht zur Geltung kommen, ohne daß der Schüler auf sie festgelegt wird. Ein derartiger Kursunterricht verlangt eine entsprechende rechtliche Neuregelung. – Ein so differenzierter Religionsunterricht wäre für alle Schüler offen und ließe eine Abmeldung aus Gewissensgründen kaum zu. Mit dieser Feststellung wird jedoch keine Änderung der bestehenden Rechtslage angestrebt, die als Einschränkung der Gewissensfreiheit des Schülers empfunden werden könnte.
6. Das Gebiet der Schülerseelsorge liegt außerhalb des schulischen Religionsunterrichtes.

4. NORBERT GREINACHER

## *Kritische Solidarität mit der Kirche*

*1. Die Situation im westdeutschen Katholizismus am Vorabend der gemeinsamen Synode läßt sich durch folgende Stichworte kennzeichnen: sich ausbreitende Unsicherheit, Identitätskrise der Institution Kirche und der Kirchenglieder, wachsende Introvertiertheit, Enttäuschungen infolge von überhöhten Erwartungen, stillschweigende und ausdrückliche Emigration, Konflikte zwischen Kirchenleitung und Kirchengliedern und zwischen Gruppen in der Kirche, zunehmende gesellschaftliche Bedeutungslosigkeit, Radikalisierung der Glaubensfragen.*

– Sich ausbreitende Unsicherheit: Viele Katholiken stellen sich die Frage nach der Gültigkeit überkommener moralischer Normen, nach Sinn und Gestaltung des Gottesdienstes, nach der Rolle der Sakramente im Leben, nach der Funktion der Amtsträger.

– Identitätskrise der Institution Kirche und der Kirchenglieder: Viele Katholiken fragen sich: Welches ist der Sinn und die Aufgabe der Kirche in unserer Gesellschaft? Ist die Praxis des kirchlichen Lebens christlich, oder verdeckt die Kirche die christliche Botschaft? Hilft mir die Kirche dabei, als Mensch zu leben, oder erschwert sie es mir?

– Wachsende Introvertiertheit: Die Kirche steht in der Gefahr, sich immer mehr um sich selbst zu kümmern. Die wachsende Zahl von Gremien fächert die Zuständigkeiten auf, ohne schon demokratisches Bewußtsein zu schaffen.

– Enttäuschungen infolge von überhöhten Erwartungen: Aufgrund eines überhöhten Kirchenbildes haben wir zuviel von der Kirche erwartet. Viele sind nach dem Konzil enttäuscht, daß sich keine entscheidende Veränderung ergeben hat. Enttäuschte Erwartungen führen oft zu Aggression oder Resignation.

– Stillschweigende und ausdrückliche Emigration: Viele Katholiken bleiben zwar äußerlich Mitglieder der Kirche, sehen aber immer weniger Anlaß, sich um die offiziellen Lehrmeinungen und kirchlichen Normen zu kümmern. Sie leben anderswo. Sie verstehen die überlieferte kirchliche Gruppensprache nicht mehr. Immer mehr Katholiken erklären auch offiziell ihren Austritt.

– Konflikt zwischen Kirchenleitung und Kirchengliedern; Konflikte zwischen Gruppen in der Kirche: Die Kritik an den Amtsträgern wird offener und härter, sowohl von seiten der Traditionalisten als auch von seiten kritischer Katholiken. Solidaritätsgruppen arbeiten mit beschränkter Regelverletzung und scheuen nicht länger den offenen Konflikt mit der Kirchenleitung. Die notwendige Gruppenbildung im deutschen Katholizismus droht zu einem Kampf zu entarten, in dem man nicht mehr miteinander, sondern nur noch übereinander und gegeneinander spricht.

– Verlust der Glaubwürdigkeit der Kirche: Sowohl in den Augen einer breiten Öffentlichkeit als auch vieler Katholiken hat die Institution Kirche ihren zunächst nach dem Krieg vorhandenen Vertrauensvorschuß verbraucht. Immer mehr Eltern mißtrauen der katholischen Kindergartenerziehung, dem konfessionellen Religionsunterricht.

– Zunehmende gesellschaftliche Bedeutungslosigkeit: Die Kirche wird mehr und mehr zu einem Randphänomen der Gesellschaft. Sie nimmt zwar bestimmte gesellschaftlich belanglose Kultfunktionen und bestimmte gesellschaftlich anerkannte Stützfunktionen wahr, aber sie vermag gerade deshalb die „gefährliche Erinnerung an Jesus Christus" (Metz) und die durch ihn bedingte Freiheit nicht wachzuhalten.

– Radikalisierung der Glaubensfragen: Bei vielen Katholiken geht es längst nicht mehr um die Zustimmung oder Ablehnung bestimmter Glaubenssätze, sondern um die Rückfrage nach Jesus Christus, um die Gottesfrage, um die Alternative von Hoffnung oder Verzweiflung.

*2. Die Einstellung der Katholiken zur kommenden Synode ist sehr vielfältig: Mißtrauen, Resignation, Skepsis, Hoffnung auf Stabilisierung, Hoffnung auf Erneuerung. Als angemessenste unter allen diesen Haltungen erscheint die einer kritischen Solidarität, die auf Kirchenreform vor allem auch deshalb drängt, weil Gesellschaftsreform nicht an der Kirche vorbei realisiert werden kann.*

Wir werden uns zu hüten haben vor einer lähmenden Resignation. Sie würde an der Bedeutung der Kirche und der Synode vorbeigehen und beide jenen Kräften überlassen, die nur ihre Macht und den Status quo stabilisieren wollen. Andererseits ist angesichts des Statuts, der Geschäftsordnung, der Zusammensetzung der Synode und des Macht- und Informationsvorsprungs der Hierarchie sowie der im deutschen Katholizismus tonangebenden Kreise jeder Synodenenthusiasmus fehl am Platz. Was wir im Blick auf die Synode brauchen, ist eine kritische Solidarität. Unter Solidarität verstehen wir hier erstens das Bewußtsein, aufeinander angewiesen zu sein und uns der gemeinsamen Verantwortung nicht entledigen zu können, zweitens den Willen, uns mit eigenen Vorschlägen, Impulsen und Aktionen zu engagieren, und drittens den Versuch, uns selbst und die anderen von der Botschaft Jesu her in Frage stellen und korrigieren zu lassen. Diese Solidarität ist aber eine kritische, die sich nicht solidarisiert um jeden Preis, nicht in unredlicher Weise Zustimmung und Einheitlichkeit demonstriert, wo sie nicht vorhanden ist, sondern die sich kritisch auseinandersetzt und auch in aller Öffentlichkeit protestiert, wenn die leitenden Männer dieser Kirche ihrerseits die Solidarität mit den Gliedern dieser Kirche grob verletzen.

Diese kritische Solidarität gründet in der Erkenntnis, daß wir es nicht verantworten können, die Kirche rechts liegen zu lassen. Denn auch unsere Gesellschaft braucht zu ihrer Humanisierung die befreiende Botschaft Jesu und Gruppen von Menschen, die als Kirche das Interesse Jesu öffentlich vertreten.

# IV. GESELLSCHAFTSPOLITISCHE KONKRETIONEN

## 1. II. VATIKANISCHES KONZIL

### *Die richtige Autonomie der irdischen Wirklichkeiten*

Nun scheinen viele unserer Zeitgenossen zu befürchten, daß durch eine engere Verbindung des menschlichen Schaffens mit der Religion die Autonomie des Menschen, der Gesellschaften und der Wissenschaften bedroht werde.
Wenn wir unter Autonomie der irdischen Wirklichkeiten verstehen, daß die geschaffenen Dinge und auch die Gesellschaften ihre eigenen Gesetze und Werte haben, die der Mensch schrittweise erkennen, gebrauchen und gestalten muß, dann ist es durchaus berechtigt, diese Autonomie zu fordern. Das ist nicht nur eine Forderung der Menschen unserer Zeit, sondern entspricht auch dem Willen des Schöpfers. Durch ihr Geschaffensein selber nämlich haben alle Einzelwirklichkeiten ihren festen Eigenstand, ihre eigene Wahrheit, ihre eigene Gutheit sowie ihre Eigengesetzlichkeit und ihre eigenen Ordnungen, die der Mensch unter Anerkennung der den einzelnen Wissenschaften und Techniken eigenen Methode achten muß. Vorausgesetzt, daß die methodische Forschung in allen Wissensbereichen in einer wirklich wissenschaftlichen Weise und gemäß den Normen der Sittlichkeit vorgeht, wird sie niemals in einen echten Konflikt mit dem Glauben kommen, weil die Wirklichkeiten des profanen Bereichs und die des Glaubens in demselben Gott ihren Ursprung haben. Ja, wer bescheiden und ausdauernd die Geheimnisse der Wirklichkeit zu erforschen versucht, wird, auch wenn er sich dessen nicht bewußt ist, von dem Gott an der Hand geführt, der alle Wirklichkeit trägt und sie in ihr Eigensein einsetzt.
Deshalb sind gewisse Geisteshaltungen, die einst auch unter Christen wegen eines unzulänglichen Verständnisses für die legitime Autonomie der Wissenschaft vorkamen, zu bedauern. Durch die dadurch entfachten Streitigkeiten und Auseinandersetzungen schufen sie in der Mentalität vieler die Überzeugung von einem Widerspruch zwischen Glauben und Wissenschaft. Wird aber mit den Worten „Autonomie der zeitlichen Dinge" gemeint, daß die geschaffenen Dinge nicht von Gott abhängen und der Mensch sie ohne Bezug auf den Schöpfer gebrauchen könne, so spürt jeder, der Gott anerkennt, wie falsch eine solche Auffassung ist. Denn das Geschöpft sinkt ohne den Schöpfer ins Nichts. Zudem haben alle Glaubenden, gleich welcher Religion sie zugehören, die Stimme und Bekundung Gottes immer durch die Sprache der Geschöpfe vernommen. Überdies wird das Geschöpf selbst durch das Vergessen Gottes unverständlich.

## 2. JOHN F. KENNEDY

### *Politik aus Glauben?*

Am 12. September 1960 hat der Präsidentschaftskandidat John F. Kennedy in Houston/Texas eine Erklärung abgegeben, die nicht nur das grundsätzliche Verhältnis von Staat und Kirche in den USA, sondern auch das besondere Verhältnis des Katholiken Kennedy zur demokratischen Gesellschaft und zu seiner Kirche charakterisiert:

„Es ist offenbar notwendig, daß ich erneut erkläre – nicht an welche Kirche ich glaube, denn das sollte einzig für mich von Bedeutung sein, sondern an welches Amerika ich glaube.

Ich glaube an ein Amerika, in dem Kirche und Staat vollkommen getrennt sind – in dem kein katholischer Prälat dem Präsidenten (falls dieser ein Katholik sein sollte) vorschreibt, wie er zu handeln hat, oder kein protestantischer Pfarrer seiner Gemeinde sagt, für wen sie stimmen soll – in dem keine Kirche oder kirchliche Schule öffentliche Gelder erhält oder politische Privilegien genießt – und in dem niemandem ein öffentliches Amt vorenthalten wird, bloß weil seine Religion verschieden ist von derjenigen des Präsidenten, der ihn berufen, oder von derjenigen des Volkes, das ihn wählen könnte.

Ich glaube an ein Amerika, das offiziell weder katholisch, protestantisch noch jüdisch ist – in dem kein Inhaber eines öffentlichen Amtes vom Papst, vom Nationalen Kirchenrat oder irgendeiner anderen kirchlichen Stelle Instruktionen holt oder annimmt – in dem keine religiöse Körperschaft versucht, direkt oder indirekt Einfluß auf das Volk oder die Amtsführung seiner Behörden auszuüben – und in dem die Religionsfreiheit so unteilbar ist, daß ein Übergriff gegen die Kirche als ein Übergriff gegen alle betrachtet wird.

Denn ist es dieses Jahr ein Katholik, gegen den sich das Mißtrauen richtet, so war es in früheren Jahren – und wird es vielleicht wieder einmal sein – ein Jude, ein Quäker, ein Unitarier oder ein Baptist. Heute mag ich das Opfer sein, morgen ist es möglicherweise ein anderer . . .

Ich wünsche einen Präsidenten, der bei seinen Amtshandlungen allen gegenüber verantwortlich, aber niemandem verpflichtet ist – der an jeder Zeremonie, jedem Gottesdienst oder jedem Bankett teilnehmen kann, wenn es sein Amt erfordert – und der in seinem Handeln durch keinen religiösen Eid, kein Ritual oder keine Verpflichtung gebunden ist.

Ich stehe dafür ein, daß der Staat durch keine religiöse Gruppe, katholisch oder protestantisch, dazu mißbraucht werden darf, die freie Ausübung einer anderen Religion einzuschränken oder zu unterdrücken. Und dies gilt für jede Art der Verfolgung zu jeder Zeit, durch jedermann und in jedem Land . . .

Ich will aber wiederholen, daß dies meine eigenen Ansichten sind, denn entgegen dem in Zeitungen üblichen Sprachgebrauch bin ich nicht der katholische Präsidentschaftskandidat, sondern der Präsidentschaftskandidat der Demokratischen Partei, der zufälligerweise auch ein Katholik ist. In öffentlichen Dingen spreche ich nicht für meine Kirche – und die Kirche spricht nicht für mich.

Alle Entscheide über die Probleme, die sich mir stellen werden, falls ich als Präsident gewählt werde, Geburtenkontrolle, Scheidung, Zensur, Glücksspiele oder jede andere Frage, will ich in Übereinstimmung mit diesen Ansichten fällen, in Übereinstimmung mit dem, was nach meinem Gewissen im nationalen Interesse liegt, und ohne Rücksicht auf religiösen Druck oder auf ein Diktat von außen. Keine Macht oder keine Drohung könnte mich veranlassen, anders zu entscheiden."

## 3. WOLF-DIETER MARSCH

### *Der Christ in der Demokratie*

Die demokratische Hoffnung gründet in der Überzeugung, daß der Mensch als Bürger der Polis nicht willenlos den über ihn entscheidenden Gewalten ausgeliefert werden darf, bzw. daß der Staat für den Menschen und nicht der Mensch für den Staat da ist. Die Herrschaft wird von Menschen für Menschen über Menschen ausgeübt: Sie gewähren einander Herrschaftsrechte, sie treten füreinander stellvertretend ein, sie sind miteinander den schuldhaften Belastungen ausgesetzt, die jede Machtausübung mit sich bringt. Demokratisches Ethos muß diese Belastungen aushalten, diese soziale Reife verlangen. Hier kann eine Berührung mit dem christlichen Ethos hilfreich sein. Das Christentum, einschließlich seines alttestamentlich-jüdischen Erbes, hat entscheidend dazu beigetragen, den Menschen aus Bindungen an übermenschliche Macht- und Herrschaftsgefüge zu befreien, seine Würde in seiner zwar stets der Schuld verhafteten, aber der Umkehr in ein brüderliches Miteinander fähigen Menschlichkeit zu sehen. Es hat bewirkt, daß Menschen, die sich in dieser Weise allein der Herrschaft Gottes unterstellt wissen, die Gestaltung ihrer Gesellschaftlichen Geschichte als einer Geschichte ihres Heils in die Hand bekommen – radikal offen für Umgestaltungen der Gesellschaft, keinerlei „Mächten" untertan. Nicht zufällig haben darum besonders die anglo-amerikanischen Kirchen die demokratische Hoffnung unterstützt und in ihrer eigenen Organisation mit verwirklicht. Die demokratische Hoffnung rechnet mit der Fähigkeit des Menschen zu dieser Selbstgestaltung seiner Geschichte. Aber sie übersieht allzu leicht die Bedrohung solcher Selbstgestaltung durch individuelle und kollektive Selbstsucht in der Ausübung von Macht; sie übersieht die Notwendigkeit zur Umkehr, Selbstbesinnung und ständiger Neugestaltung der Demokratie aus ihren Ursprüngen. Nur unter dieser Bedingung können demokratische Prinzipien leben und Ordnung in gemeinsamer Gerechtigkeit unter Wahrung der Freiheit stiften. Die demokratischen Prinzipien bringen eine Hoffnung zum Ausdruck, sie sind im eigentlichen Sinne utopisch; aber gerade in dieser Form können sie Herrschaftsverhältnisse in einer „mündig" gewordenen Gesellschaft in stets neuer Infragestellung und Legitimierung der herrschenden Gewalten etablieren und rechtfertigen. Die demokratische Forderung einer herrschaftslosen Allgemeinheit stellt ein prinzipiell unlösbares Problem, zu dessen Lösung nur jeweils „Annäherungslösungen" (R. Niebuhr) gegeben werden können.

4. HANS MOHR

## *Die gesellschaftspolitische Verantwortung der Wissenschaft*

Erlauben Sie mir, daß ich Ihnen an dieser Stelle einen Brief verlese, den ich im Zusammenhang mit der wissenschaftstheoretischen Debatte in der Grundordnungsversammlung an einen meiner Kollegen gerichtet habe. Der Brief lautet:
„Lieber Herr . . .
Sie haben viel Beifall erhalten, als Sie bei Ihrer Ansprache von den Naturwissenschaftlern verlangten, sie sollten die Konsequenzen möglicher Forschung antizipieren und sittlich verantworten.
Ich nehme an, daß Sie aus einem unmittelbaren Gefühl heraus gesprochen haben, und ich verstehe und achte dieses Gefühl. Es begleitet mich, seitdem ich produktiv Wissenschaft betreibe. Die Logik der Sachlage spricht jedoch gegen dieses Gefühl. Dies ist der Grund dafür, daß sie zwar pointierte Kritik getrieben haben, uns aber eine Antwort auf das Problem schuldig geblieben sind. Ich war darob nicht verwundert, denn Sie verlangen Unmögliches. Der Vertreter der Physik hat in seinem Referat Beispiele dafür angeführt, wie schwierig es in der klassischen Physik gewesen ist, die mögliche *gesellschaftliche Relevanz* wissenschaftlicher Erkenntnis abzuschätzen. Ihr noch weitergehendes Postulat, der Wissenschaftler müsse sich ein Urteil über das gesellschaftliche ‚Gut' oder ‚Böse' der geplanten Forschung bilden, ist nicht erfüllbar; aus mehreren Gründen.
Ein solches Urteil kann man sich nur bilden, wenn man *außerwissenschaftliche* Normen heranzieht. Zeitlich invariante außerwissenschaftliche Normen gibt es indessen nicht. Was heute ‚gut' ist, kann morgen ‚böse' sein, etwa bezogen auf das jeweilige Wertsystem der Gesellschaft. ‚Gut ist, was dem Volke nützt'; dieser Norm war die deutsche Wissenschaft vor 30 Jahren ausgesetzt, mit verheerenden Konsequenzen. Die Nationalsozialisten haben die *wertfreie* Wissenschaft, wie sie es nannten, mit aller Härte bekämpft und die Forderung nach einer *wertenden Wissenschaft* erhoben, natürlich einer solchen, die ihre eigenen Ziele und Interessen rechtfertigen sollte. Hitler hat diese Forderung mit brutaler Deutlichkeit ausgesprochen: „Der Gedanke einer freien, voraussetzungslosen Wissenschaft konnte nur im Zeitalter des Liberalismus auftauchen. Er ist absurd. Die Wissenschaft ist ein soziales Phänomen und wie jedes solches begrenzt durch den Nutzen oder Schaden, den es für die Allgemeinheit stiftet. Mit dem Schlagwort von der objektiven Wissenschaft hat sich die Professorenschaft nur von der sehr nötigen Beaufsichtigung durch die staatliche Macht befreien wollen." Soweit ich sehe, ist dies generell der Anspruch politischer Ideologien. Selbst die Terminologie ist heute kaum anders als zu Hitlers Zeiten. Verschieden ist allenfalls die Couleur, oder, mit anderen Worten, das jeweilige Wertsystem, für dessen Begründung und Stabilisierung man die Wissenschaft heranziehen möchte.
Doch nun zurück zu Ihrer Forderung an den Wissenschaftler. Erlauben Sie mir die Darlegung von Beispielen.
Ich habe als postdoctoral fellow in Biophysik in den USA seinerzeit die Aus-

einandersetzung zwischen Oppenheimer und Teller nachvollzogen. Gefühlsmäßig war ich, wie die meisten jungen Wissenschaftler, bei Oppenheimer, obgleich wir ahnten, daß Teller politisch recht behalten würde. Wir haben erst allmählich gemerkt, daß das Problem, um das es ging, zum Zeitpunkt des Streites bereits kein wissenschaftliches Problem mehr war. Die wissenschaftlichen Grundlagen für die H-Bombe waren im Prinzip bereits da. Es war eine rein ‚politische' Entscheidung. Die wissenschaftlichen Grundlagen für die H-Bombe sind ähnlich wie die für die kontrollierte Kernfusion. Diese Reaktion, also die ‚gezähmte H-Bombe', dürfte neben der Kernspaltung die einzige ernsthafte Energiequelle bereits der nahen Zukunft sein. Die Erwartung, kontrollierte thermonukleare Fusionen zustande zu bringen, hat sich indessen bisher nicht erfüllt. Fortschritt auf diesem schwierigen Gebiet ist nur durch weitere Forschung zu erzielen.

. . .

*Die Steroidhormone.* Als Butenandt in den dreißiger Jahren die biochemische Natur der Oestrogene entdeckte, konnte niemand die gesellschaftliche Relevanz abschätzen. Die Tatsache, daß Butenandt den Nobelpreis erhielt, ist nicht so zu verstehen, als hätte damals irgend jemand ahnen können, welche enorme gesellschaftliche Implikation diese Steroide haben würden. Man konnte seinerzeit nicht mehr annehmen, als was ohnehin jeder Wissenschaftler heute annimmt: Daß jedes ‚richtige' wissenschaftliche Resultat in der modernen Welt potentiell technologisch verwendet werden kann, also notwendigerweise gesellschaftlich relevant ist.

Nun zum Werturteil: Alle kompetenten Wissenschaftler und die meisten Mediziner, deren Meinung ich kenne, sind der Auffassung, daß die Oestrogene, als Medikamente oder als Ovulationshemmer angewendet, in den meisten Fällen sowohl physisch als auch psychisch ein besonders geeignetes Mittel sind, um Sexualverhalten und Reproduktion in einer Weise zu trennen, die der Würde des Menschen entspricht. – Jedermann weiß, daß z. B. Paul VI. und General de Gaulle völlig anderer Meinung sind. – Nach welchen nichtwissenschaftsimmanenten Maßstäben soll ein Forschungsprojekt über die Molekularbiologie der Oestrogene beurteilt werden?

Die *Bevölkerungsexplosion* ist eine in absehbarer Zeit für die Menschheit möglicherweise tödliche Regreßerscheinung der erfolgreichen medizinischen Technik. Sollen wir die Steroidforschung mit allen Mitteln steigern, um so rasch wie möglich ‚billigere' und ‚bessere' Pillen zu schaffen, die auch für die Entwicklungsländer geeignet sind? Sollen wir also auch diesen technischen Regreß – die Bevölkerungsexplosion – durch wissenschaftlichen Progreß abfangen? –

. . .

Ist solche Forschung ‚gesellschaftlich' gut, die die Effizienz der Medizin weiter fördert? Schließlich ist die größte Gefahr, vor der wir stehen, die Bevölkerungsexplosion, in erster Linie darauf zurückzuführen, daß die Medizin auf eine wissenschaftliche Basis gestellt wurde und dadurch die Lebenserwartung in den meisten Teilen der Welt ungeheuer anstieg. Sollte man nicht die Möglichkeit ins Auge fassen, die Effizienz der Medizin zu reduzieren, um die Sterberate wieder zu erhöhen? Ist der Hippokratische Eid noch zu verantworten? Ist es angesichts der Drohung, daß die Bevölkerungsexplosion die Menschheit vernichten wird, noch zu verantworten, Forschung zu betreiben, welche die zweithäufigste Todesursache, den Krebs, eventuell besiegen hilft? – Natürlich ist dies auch für den Biologen, der keinen hippokratischen Eid geleistet hat, eine rhetorische Frage. Aber ist dies so selbstverständlich? In meiner Jugend wurde von einer politischen Ideologie definiert, was lebenswertes Leben ist und was nicht!

. . .

Die Quintessenz für uns wäre genau dieselbe: *Wissenschaftsplanung* kann im Prinzip nur nach wissenschaftsimmanenten Kriterien betrieben werden. Verfährt man anders, liefert man den Erkenntnisprozeß der Wissenschaft außerwissenschaftlichen Normen aus, die zeitlich nicht invariant sind, m. a. W., dem jeweiligen Vorurteil. Dies führt schnell zum Erliegen der Wissenschaft. Hierfür gibt es viele Beispiele, z. B. überall dort, wo die politische Ideologie den Gang des Erkenntnisprogresses zu dirigieren suchte. Wir haben die folgende Wahl:

Entweder wir hören auf zu forschen: dann existiert die Menschheit nicht mehr lange. Wir haben die Welt bereits zu sehr verändert. Die Verwissenschaftlichung und die Technisierung unserer Existenz sind irreversibel. Für das einfache Leben, selbst wenn es erstrebenswert wäre, gibt es bereits 3 Milliarden Menschen zu viel auf dieser Welt.

Oder, wir fahren im Prinzip fort wie bisher. Auf diese Weise besteht zumindest die Chance, daß der Progreß der Wissenschaft die unvermeidbaren Regreßerscheinungen der Technik jeweils zu überkompensieren vermag. So ist es bisher gewesen. Wir leben im Durchschnitt ein unvergleichlich viel reicheres und längeres Leben als unsere Vorfahren. Wer dies nicht anerkennt, weiß nicht, wie unsere Vorfahren gelebt und gelitten haben.

Das Ziel der Wissenschaft ist die wissenschaftliche Wahrheit, die richtige Theorie, oder, noch anders ausgedrückt, möglichst zuverlässige Information. Die moderne Technik, um deren Ambivalenz Sie und ich wissen, ohne die wir aber keine Stunde mehr zu leben vermöchten, basiert auf diesem Wissen, welches die Wissenschaft der Gesellschaft zur Verfügung stellt. Der Wissenschaftler trägt die Verantwortung für die Zuverlässigkeit der Information, die Gesellschaft trägt die Verantwortung für die technologische Anwendung der von der Wissenschaft bereitgestellten Information. Allein diese Aufteilung von Kompetenz und Verantwortung dürfte dem gegebenen Sachverhalt gerecht werden.

Halten Sie die Gesellschaft für derart unmündig, daß sie mit dieser Verantwortung nicht zustreich kommt? – Halten Sie die Oligarchie der Technokraten für unvermeidlich? – Vielleicht haben Sie recht. Die Gesellschaft, so muß man fürchten, hat das Phänomen der Technik geistig nicht verkraftet. Deshalb reagiert sie allzu oft mit Angst, Aversion und Aggression. Die sogenannte Bildung zielt an der Technik vorbei."

Welche Instanz, so fragen wir uns jetzt, garantiert eigentlich die Zuverlässigkeit der wissenschaftlichen Theorien. Anders ausgedrückt: Welche Instanz garantiert, daß die Information der Wissenschaft, die der Gesellschaft zur Verfügung steht, richtig und mithin zuverlässig ist. – Die Antwort: Das wissenschaftliche Ethos Darüber möchte ich Ihnen jetzt einiges sagen.

Das Kollektiv der in der Wissenschaft Tätigen, die Scientific Community, ist eine Gemeinschaft von Menschen, eine kulturelle „Gruppe", für die es keine Grenzen im Raum und in der Zeit gibt. Was diese Gruppe zusammenhält, ist nicht eine formale, materielle oder politische Bindung; es ist ausschließlich die Gemeinsamkeit in einem geistigen Anliegen. Es ist der Wunsch nach Erkenntnis. Die sittliche Institution, welche die Scientific Community stabilisiert, ist das „wissenschaftliche Ethos", ein Codex von Verhaltensregeln, der die Grundlage jeder echten wissenschaftlichen Arbeit bildet und – in den Ansätzen jedenfalls – von jeher gebildet hat. Dieser sittliche Codex schließt z. B. an Forderungen ein: Gegenseitige Achtung, Objektivität, Freiheit des Denkens, Verzicht auf Dogmatismus, absolute intellektuelle Ehrlichkeit, Dominanz der geistigen Aktivität, Klarheit der Ausdrucksweise. Besonders hart ist die Forderung der *Verifizierbarkeit.* Eine Aussage, ein „Satz", ist nur dann erlaubt, wenn diese Aussage von jedem, der die geistigen und technischen Voraussetzungen dafür hat, auf seine Richtigkeit hin kontrolliert werden kann.

Der eben skizzierte Codex wird meist straff gehandhabt. Wer an Stelle objektiver Daten falsche Daten mitteilt, wer Theorien aufstellt, die nicht kontrollierbar sind, verliert seine Glaubwürdigkeit und scheidet mehr oder minder schnell aus dem Kreis der Wissenschaft aus.

Das wissenschaftliche Ethos allein sichert die Zuverlässigkeit der wissenschaftlichen Theorien. Auf diesen sittlichen Codex ist also letztlich die Dominanz zurückzuführen, zu welcher die Theorien der Wissenschaft im geistigen und im realen Bereich unseres Daseins gelangt sind. – Das wissenschaftliche Ethos ist also ein Prinzip von hoher Leistungsfähigkeit.

Es erscheint mir dennoch fraglich, ob das wissenschaftliche Ethos geeignet ist, als Grundlage für die engen zwischenmenschlichen Beziehungen, wir wollen sie „personale Beziehungen" nennen, zu dienen. Ich glaube nicht, daß sich Prinzipien wie Objektivität und absolute Redlichkeit in den engen zwischenmenschlichen Beziehungen langfristig durchhalten lassen, ohne daß die Partner Schaden erleiden. Wir müssen, wenn wir Maximen für personale Beziehungen aufstellen, mit allen Erbanlagen rechnen, die der Mensch aus der Evolution mitgebracht hat: Ehrgeiz und Egoismus, der Hang zu Imponiergehabe und Aggression, die Neigung zum Haß, die Fähigkeit zur intelligenten Lüge waren vermutlich ebenso konstitutive Elemente der Hominidenevolution wie Bescheidenheit und Hingabe, Objektivität, Liebe und Wahrhaftigkeit. Ein *universales Ethos,* das den Menschen beständig überfordert, ist Unsinn. Entweder treibt die beständige sittliche Überforderung den Menschen in die Neurose, oder der Mensch gewöhnt sich daran, das Universalethos nicht ernst zu nehmen. Er flüchtet in die Korruption. Das wissenschaftliche Ethos duldet keinen Verstoß. Es erhebt aber auch nicht den Anspruch, ein Universalethos zu sein. Es ist vielmehr ein Partialethos, das auch die Existenz des Wissenschaftlers nur partiell beherrscht.

Bei den personalen Beziehungen der Menschen ist nicht „wissenschaftliche

Wahrheit" das Ziel, sondern die Erfüllung einer subjektiven, vielleicht sogar irrationalen Sehnsucht. Das wissenschaftliche Ethos gibt uns hierfür keine verbindlichen Maximen. Es ist ein Partialethos, das uns im Hinblick auf ein bestimmtes Ziel sittliche Normen auferlegt. Das Ziel ist die richtige Theorie, oder allgemeiner gesagt, die wissenschaftliche Wahrheit. Solange die Bemühungen eines Menschen auf das Ziel gerichtet sind, der wissenschaftlichen Wahrheit zu dienen, unterwirft er sich diesem Ethos.

Ich stelle jetzt die Frage: Kann und sollte das Ethos der Wissenschaft politisch relevant gemacht werden? – Meine vorläufige Antwort: ja.

In der Politik, damit meine ich die mehr oder minder geordneten Beziehungen innerhalb und zwischen soziologischen Gruppen, haben *irrationale* Elemente offensichtlich ihre maßgebende Rolle ausgespielt. Das Zusammenleben der technisierten Massengesellschaften kann mit den politischen Verhaltensformen der Vergangenheit nicht mehr bewältigt werden. Die tragfähige Basis einer modernen, zeitgemäßen Realpolitik ist durchsichtige Rationalität und intellektuelle Anständigkeit. Emotionen, irrationale Motive und ideologische Maximen taugen heutzutage nicht mehr viel als Grundlage für politische Entscheidungen. Irrationalität ist in der modernen Welt zu gefährlich geworden. Politik muß sachlich betrieben werden.

Ich skizziere Ihnen jetzt eine Utopie.

Ich glaube, daß die ungemein schwierigen politischen Probleme der Gegenwart lösbar wären, wenn der Ethos der Politik ähnlich wäre dem Ethos der Wissenschaft. Ich glaube ferner, daß kein anderes Partialethos imstande sein wird, die politischen Beziehungen auf dieser Welt zu stabilisieren. Das wissenschaftliche Ethos wird letzten Endes von allen politischen Gruppen akzeptiert, in der Praxis selbst von den wildesten Ideologen, weil die Existenz einer jeden Gesellschaftsordnung in der technisierten, modernen Welt in erster Linie auf der Zuverlässigkeit der wissenschaftlichen Theorien beruht. Der Versuch, dieses Ethos zu einer brauchbaren Maxime für die Bewältigung der politischen Beziehungen zu machen, ist also durchaus naheliegend. Das am wissenschaftlichen Ethos orientierte politische Ethos des modernen Menschen wäre, auf diese Einschränkung kommt es mir an, ebenfalls ein Partialethos, dem wir unser gesellschaftliches Verhalten unterwerfen, solange wir das Ziel unserer politischen Existenz darin sehen, beizutragen zu einer rationalen Bewältigung unserer gesellschaftlichen Existenz. – Warum ist die Erfolgschance für den Versuch, das wissenschaftliche Ethos politisch verbindlich zu machen, so gering? – Die Hoffnung, daß der bewährte ethische Codex der Wissenschaft zu einer Stabilisierung der politischen Beziehungen beitragen wird, wäre nur dann berechtigt, wenn allenthalben die Wissenschaften mitsamt ihren philosophischen und sittlichen Grundlagen wirklich ernstgenommen würden. Diese Voraussetzung scheint gegenwärtig nicht einmal in den Ländern mit einer langen wissenschaftlichen Tradition erreichbar zu sein. Die Information und das Ethos der Wissenschaft blieben in einer durch Wissenschaft und Technik geprägten Welt für die meisten Menschen unbekannte oder suspekte Größen.

Die wichtigere Ursache dafür, daß in der Regel das Ethos der Wissenschaft nicht als Maxime für politisches Handeln in Betracht gezogen wird, dürfte jedoch darin liegen, daß die unwandelbare Natur des Menschen der Rationalisierung menschlicher Beziehungen Grenzen setzt. Der Mensch wehrt sich gegen eine totale Rationalisierung der sozialen Beziehungen.

So möchte ich jetzt meine eigene Utopie, die Übertragung des wissenschaftlichen Ethos auf die politischen Beziehungen, einer Utopiekritik aussetzen.

Die Möglichkeiten einer gesellschaftsbezogenen, generell „kritischen" Funktion der Wissenschaft werden häufig überschätzt, insbesondere von jungen Menschen, denen die wissenschaftliche Kompetenz noch fehlt. Ich habe diesen Fehler immer wieder selbst gemacht. Die Aufforderung an die Wissenschaft, „die technisch-organisatorische Rationalisierung der Gemeinwesen auf ihre Humanität hin zu kontrollieren und selbst wieder zu rationalisieren, d. h. auf eine optimale gesellschaftliche Vernünftigkeit hin auszurichten", geht, wie ich die Dinge heute sehe, einen entscheidenden Schritt zu weit. Die liberale Gesellschaft unserer Zeit muß eine wissenschaftlich aufgeklärte liberale Gesellschaft sein; ich finde aber, daß es eine Grenze der Rationalisierung der Gesellschaft gibt, die etwa dort liegt, wo die Freiheit des Individuums oder die Freiheit der personalen Existenz bedroht ist. Wir können und sollten den Versuch machen, den Menschen aufzuklären, d. h. wir müssen sein Problembewußtsein ausbilden, wir müssen ihn rationales Handeln lehren und wir müssen ihm die zuverlässige Information und das Ethos der Wissenschaft in optimaler Form offerieren; wir können in einem freiheitlichen Gesellschaftssystem den Menschen aber nicht unbegrenzt zwingen, sich in seiner Existenz nach dieser Information zu richten.

Die Theorien der Wissenschaft und das Ethos der Wissenschaft sind unabhängig von den Wünschen und Sehnsüchten des einzelnen Menschen. Ich frage mich, ob es wirklich wünschenswert ist, diese Komponenten aus unserer politischen Existenz zu eliminieren. Ich mißtraue allmählich dem Postulat einer optimalen gesellschaftlichen Vernünftigkeit, weil ich fürchte, daß diese Forderung dem „Wesen des Menschen" nicht voll gerecht wird und damit die Freiheit der personalen Existenz bedroht. *Ich mißtraue aus Gründen der Humanität jedem gesellschaftlichen Perfektionismus.* Solange wir in einer pluralistischen Gesellschaft leben, werden die Ziele im Streit sein; und dann können wir auch bei einer technologischen Beherrschung der Situation nicht völlig rational handeln. *Eine perfekte Technokratie setzt eine perfekte Diktatur voraus.* Deshalb mein Plädoyer für eine zwar aufgeklärte, aber gleichzeitig liberale und pluralistische Gesellschaft.

## 5. JULIUS DÖPFNER, HERMANN DIETZFELBINGER

### *Staat und sittliche Ordnung*

Die Pläne zur Reform des Eherechts und bestimmter Teile des Strafrechts haben erneut die Frage nach dem Verhältnis von Recht, Moral und Ethik aufgeworfen. Allgemein wird heute anerkannt, daß weder die spezifischen christlichen Wertvorstellungen noch die Wertvorstellungen anderer Weltanschauungsgruppen durch die staatlich gesetzte Rechtsordnung verwirklicht werden können. Wo man dies dennoch versucht, kann es zu einer den Raum der freien Gewissensentscheidung des einzelnen einschränkenden Rechts- und Gesellschaftsordnung kommen. Religionen oder Weltanschauungen dürfen nicht der Versuchung erliegen, sich mit den Mitteln der staatlichen Rechtsordnung als alleinberechtigt durchzusetzen. Der moderne Weltanschauungs- und Gesinnungspluralismus läßt die rechtliche Fixierung spezifischer Moralvorstellungen immer problematischer werden. Soweit die Rechtsordnung dem einzelnen Verhaltensnormen auferlegt, muß sie diesen Pluralismus berücksichtigen. Auch wenn die Gemeinschaft nicht jedes beliebige System sittlicher Grundsätze anerkennen kann, so muß sie doch für eine ausreichende Spannweite in den Entscheidungsnormen Raum schaffen.
Aus diesen Einsichten wird heute vielfach die weitreichende Schlußfolgerung gezogen, daß Recht und Moral so weit wie möglich auseinanderzuhalten sind. Der private Bereich sittlicher Entscheidungen solle von gesetzlichen Reglementierungen so gut wie ganz freigehalten werden, die Rechtsordnung habe sich auf weitgehend wertfreie äußere Ordnungsfunktionen zu beschränken. Bürgerliches Recht und Strafrecht dürften nicht der Verwirklichung eines bestimmten Sittengesetzes und nicht der Ahndung von Verstößen gegen ein solches dienen. Die Strafgewalt der Gemeinschaft gelte nur noch einem Verhalten, dessen unmittelbare Sozialschädlichkeit auf der Hand liege.
Man kann diese Schlußfolgerungen nicht rundheraus verwerfen. Die Unterscheidung zwischen der sittlichen Beurteilung eines Tatbestandes auf der einen Seite und seiner zivilrechtlichen oder strafrechtlichen Regelung auf der anderen Seite ist sicherlich notwendig. Nicht jedes auch im Interesse der Gesellschaft wünschenswerte sittliche Verhalten kann und darf erzwungen werden. Andererseits bedeutet die Einschränkung gesetzlicher und strafrechtlicher Regelungen nicht, daß die Gemeinschaft für die sittliche Wertordnung im Volke nicht mitverantwortlich wäre. Recht, Moral und Ethik gehören zum Freiheitsraum des Menschen; nur in diesem Freiheitsraum werden geschichtliche Entwicklung, verantwortliche Entscheidung des einzelnen und Vielfalt in Staat und Gesellschaft ermöglicht.
Die zwischen Recht, Moral und Ethik bestehende Spannung darf nicht so weit aufgelöst werden, daß jede sittliche Wertung in den rein privaten Bereich des persönlichen Lebens verwiesen wird. Hebt man diese zwar spannungsreiche, aber doch für das Leben in der Gemeinschaft unentbehrliche Zusammengehörigkeit von Recht, Moral und Ethik auf, so kann weder das Recht noch die Kraft zu

sittlicher Entscheidung in einem Volke lebendig bleiben. Das Grundgesetz der Bundesrepublik Deutschland verpflichtet mit seinen vielfältigen sittlichen Gehalten die Gemeinschaft dazu, ihre Verantwortung für die sittliche Ordnung immer neu zu bedenken und nicht um moderner Zeitströmungen willen voreilig preiszugeben. So bekräftigt das Grundgesetz diesen fundamentalen Grundsatz in Art. 2 Abs. 1 ausdrücklich mit den Worten:
*„Jeder hat das Recht auf die freie Entfaltung seiner Persönlichkeit, soweit er nicht die Rechte anderer verletzt und nicht gegen die verfassungsmäßige Ordnung oder das Sittengesetz verstößt."*
Für die Ordnung von Recht und Gesellschaft gibt es sittliche Wertvorstellungen, die von allgemeiner Gültigkeit sind. An sie ist auch der Gesetzgeber gebunden. Wird dieser Grundsatz aufgegeben, dann verliert die Gesellschaft ihre Gemeinschaftsfähigkeit und die Möglichkeit, sich über eine allgemeingültige Gesetzgebung zu verständigen. Staat und Gesellschaft zerstören sich letzten Endes selbst, wenn sie einen bestimmten Grundbestand an sittlichen Überzeugungen nicht mehr als für die Gesellschaft verbindlich anerkennen.
Jede Rechtsordnung stellt eine geschichtlich geprägte Ordnung dar. Für unsere Ordnung ist anzuerkennen, daß sie von christlichen Überzeugungen geprägt wurde und geprägt wird, auch wenn dies vielen nicht mehr bewußt zu sein scheint. Natürlich gibt es eine fortschreitende Entfaltung und Veränderung der Überlieferung. Aber nur wo die geschichtliche Kontinuität und die notwendigen Veränderungen in ihrer gegenseitigen Bedingtheit anerkannt werden, entgeht der Gesetzgeber geschichtsfremden Abstraktionen, die für eine Gemeinschaft keine bindende Kraft mehr haben.
Es ist ein Irrtum zu meinen, der Staat könne sich auf eine wertfreie Ordnungsfunktion beschränken und nur auf diese Weise sei eine der Würde des Menschen entsprechende Freiheit zu verwirklichen. Wo den Grundlagen einer überlieferten Rechts- und Gemeinschaftsordnung radikal der Abschied gegeben wird, besetzen ideologische Systeme den Raum bisheriger Wertvorstellungen. Anstelle einer erwarteten Befreiung erfahren Mensch und Gesellschaft die totale Unfreiheit ideologischer Verstrickungen.
Diese Überlegungen sind für jedes Rechtsgebiet und für jeden zivil- oder strafrechtlich zu ordnenden Tatbestand eigens zu berücksichtigen.

## 6. REINHARD KUHN

## *Moral – Begrenzung der Politik*

Mit Hilfe der Begriffe Macht und Interesse läßt sich Politik als dasjenige menschliche Handeln beschreiben, das auf die Macht angewiesen ist und die Regelung von Interessen zum Gegenstand hat, soweit sie über den privaten Bereich hinausgehen. Moralisches Handeln jedoch ist gerade nicht von der Macht abhängig, sondern von inneren Überzeugungen und von Grundsätzen, die das persönliche

Verhalten der Menschen untereinander bestimmen. Der Moralist fragt: „Ist das gut oder böse?"; der Politiker aber: „Ist das zweckmäßig oder nicht?" Prinzipientreue auf der einen und Pragmatismus auf der anderen Seite; das läßt sich schwer miteinander vereinbaren. Politik und Moral werden daher oft als getrennte und sich gegenseitig ausschließende Bereiche angesehen. Dennoch gibt es Brücken zwischen ihnen: Moral als soziale Verhaltensordnung einer Gesellschaft setzt dem Machtstreben Grenzen und beeinflußt den Stil der Politik.

*Politik, das „schmutzige Geschäft"*

„Es ist überall nichts in der Welt, ja überhaupt auch außer derselben zu denken möglich, was uneingeschränkt für gut könnte gehalten werden, als allein ein guter Wille." Folgt man Kants Auffassung, dann haben Moral und Politik nichts miteinander zu tun. Denn: Politisches Handeln will den Erfolg – unter Umständen auch mit verwerflichen Mitteln; politische Entscheidungen orientieren sich an der Zweckmäßigkeit; politische Kompromisse können auch gegen die eigene Überzeugung geschlossen werden. Der Politiker wird zur Rechenschaft gezogen nicht darüber, was er wollte, sondern darüber, was er tatsächlich erreichte. Er kann nicht wissen, was sein wird, und muß doch so handeln, als ob er es wüßte; denn von seinem Handeln hängt mit ab, was sein wird. Sieht man auf die Verschiedenheit der beiden Bereiche, so liegt es nahe, daß Politik als „schmutzig" diffamiert wird. Wer reine Hände behalten will, sagt, sie geschehe „ohne mich"; Integrität und Zufriedenheit finde ich allein in der privaten Existenz. Mit einer solchen Haltung ist nichts gewonnen, aber viel verloren; denn dann begeben sich gerade diejenigen, die zum Besseren wirken könnten, jeder Chance und überlassen den nur Ehrgeizigen oder Machthungrigen das Feld.

*Politische Verantwortung*

Im Extremfall heißt moralisch handeln, ohne Rücksicht auf die Folgen unverbrüchlich der Stimme des Gewissens zu gehorchen (Gesinnungsethik). Im allgemeinen aber wägt man, wenn Entscheidungen zu treffen sind, die Folgen ab. Der Politiker ist gezwungen, fast immer an die Folgen zu denken (Verantwortungsethik). Das liegt nicht zuletzt daran, daß er für andere mitentscheidet und daher seine Tat nicht nur vor sich, sondern auch vor denen zu verantworten hat, für die er stellvertretend handelt. Berufung auf so vage Instanzen wie die Geschichte, die Demokratie, den Sozialismus oder das gesunde Volksempfinden führt nicht zur Verantwortlichkeit, sondern zur Flucht vor ihr. Politisches Handeln in Demokratien muß daher vor Institutionen verantwortet werden, die verfassungsmäßig und auch tatsächlich in der Lage sind, den Politiker zur Rechenschaft zu ziehen.
Der Vorzug der Demokratie besteht wesentlich darin, daß in ihr Macht zum Handeln an öffentliche und dazu befristete Ämter gebunden ist. Der Inhaber der Macht kann für das, was er getan hat oder was innerhalb seiner Zuständigkeit geschehen ist, zur Verantwortung gezogen werden. Da ihm seine Herrschafts-

befugnis nur auf Zeit verliehen wurde, bleibt er abhängig von Wahlen und ist damit zur Rücksicht auf die machtunterworfenen Wähler gezwungen. Je empfindlicher das moralische und politische Bewußtsein einer Gesellschaft reagiert, um so stärker bindet das die Politiker und färbt ihren Stil. Die Demokratie bietet also die Chance, Moral, d. h. die Vorstellung von dem, was als gut, anständig und richtig gilt, auf die Politik einwirken zu lassen.

Allerdings kann gerade von dieser Möglichkeit unangemessen Gebrauch gemacht werden; nämlich dann, wenn über Politik ausschließlich nach den Maßstäben von gut und böse zu Gericht gesessen wird. Einer solchen unangemessenen moralisierenden Haltung entspricht etwa folgendes Denken: Die Nationalsozialisten haben das Völkerrecht nicht respektiert, die Amerikaner nachweislich in bestimmten Fällen auch nicht, wesentliche Wertunterschiede bestehen also nicht. Ein solches Urteil übersieht, daß hier dennoch ein Qualitätsunterschied vorliegt. Ob man in einer Anzahl von Fällen Gewalt vor Recht gehen läßt oder ob man grundsätzlich Macht dem Recht überordnet, das ist – politisch gesehen – Welter voneinander entfernt.

*Kratos und Ethos (Macht und Sittlichkeit)*

Wer etwas durchsetzen will, muß Macht haben und wird auf Taktik, Schlauheit, List und Täuschung nicht verzichten können. Allein seinem Gewissen folgen darf nur, wer die Folgen seiner Entscheidung auch allein auffangen kann. Wer die Macht anderer beugen oder rigoros vertretene Interessen bändigen will, bleibt hilflos, wenn er sich in einem solchen Streit ausschließlich am Ideal der sittlichen Reinheit orientiert. Zum anderen aber gilt die Erfahrung, daß Prinzipienlosigkeit auch in der Politik kein sicheres Erfolgsrezept darstellt, weil mit unberechenbaren und unzuverlässigen Größen zu paktieren gerade hier sehr gefährlich sein kann.

# V. WIRTSCHAFTSPOLITISCHE KONKRETIONEN

## 1. JÖRG HUFFSCHMID

### *Allgemeininteresse ist Profitinteresse*

Es stellt sich hier allerdings die Frage nach dem Verfahren, in dem das Allgemeininteresse politisch festgelegt und verfolgt wird – und nach seinem konkreten Inhalt. Die Feststellung des Allgemeininteresses in der Wirtschaft hat davon auszugehen, daß die Entwicklung des wirtschaftlichen Potentials abhängig ist von der richtigen Menge von Investitionen am richtigen Ort, daß nur eine investierende Wirtschaft wachsen und nur eine wachsende Wirtschaft den Ansprüchen des Fortschritts genügen kann. Diese Tatsache aber zieht dem Entscheidungsspielraum der Politiker im Kapitalismus enge Grenzen. Solange die konkreten Entscheidungen über die Investitionen nicht durch die Politiker, sondern durch die Unternehmer, seien sie nun Privatunternehmer oder selbständige Kapitalorganisationen, autonom gefällt werden, ist die Aufgabe der Wirtschaftspolitik klar umrissen. Sie hat diesen Investitionen insgesamt in die Hand zu arbeiten, sie hat ein günstiges Investitionsklima zu schaffen, die Investitionsneigung zu fördern. Das bedeutet nicht, daß sie nicht hin und wieder Akzente setzen, für bestimmte private Investitionen Anreize geben oder Hindernisse aufrichten könnte; insgesamt jedoch bleibt ihre Aktivität orientiert an der Gesamtrentabilität einzelner Unternehmen, ja aller Unternehmen zusammen, und alle anderen Zielgrößen, wie zum Beispiel gerechte Einkommensverteilung, Vollbeschäftigung, optimale Versorgung etc., bleiben dieser untergeordnet.
Damit erweist sich die Verlagerung der Kompetenz für die Feststellung allgemeiner wirtschaftlicher Zielfunktionen von dem Bereich der privaten Unternehmen auf den der staatlichen Träger der Wirtschaftspolitik als Scheinmanöver, das die Herrschaft der Unternehmerinteressen als Gesamtinteressen der Gesellschaft zu verschleiern und damit zu stabilisieren versucht. Es verschleiert, weil der Rahmen für die politische Ermittlung der wirtschaftlichen Gesamtinteressen durch die „freiheitliche Grundordnung", d. h. konkret: die gesellschaftliche Selbständigkeit des Produktivkapitals, sei es als partikuläres Privateigentum, sei es als autonomes Kapital, präformiert wird, so daß die wirtschaftspolitischen Entscheidungen immer zugunsten der Kapitalexpansion und -rentabilität ausfallen müssen. Der Mechanismus der Verschleierung besteht darin, daß ein einziges Herrschaftsinteresse gespalten wird in zwei scheinbar voneinander unabhängige Interessen, in das der privaten Profitmaximierung und das allgemeine der Wohlstandsmaximierung, und daß das zweite wichtiger genommen wird als das erste. Aufgrund scheinbar rein sachlicher technologischer Überlegungen wird proklamiert,

daß zur Erreichung der Wohlstandsmaximierung das Mittel der maximalen Kapitaleffizienz am besten geeignet sei; in Wirklichkeit sind die Kriterien der Wohlstandsmaximierung, da der privatwirtschaftliche rentabilitäts- und leistungsbezogene Rahmen beibehalten wurde, aus denen der Kapitalexpansion und -rentabilität heraus *definiert* worden, so daß es nicht überrascht, wenn dann das Interesse an der Wohlstandssteigerung zur Notwendigkeit der Profitmaximierung zurückführt. Nützlich ist diese Verlagerung insofern, als fortan das Wohlergehen der autonomen Unternehmen nicht mehr nur eine Angelegenheit dieser Unternehmen, sondern aller ist; eben daraus leitet man den Anspruch ab, alle Mitglieder der Gesellschaft, Arbeitnehmer wie Arbeitgeber, Verbraucher wie Staat, sollten für dieses unternehmerische Wohlergehen eingespannt werden und dafür Opfer bringen. Das heißt: Der Fortschritt und die Entwicklung der Wirtschaft werden nicht an dem Grad der Befriedigung gesellschaftlicher oder individueller Bedürfnisse, sondern an den Unternehmensexpansionen und Unternehmensgewinnen gemessen. Dies entspricht den realen Machtverhältnissen. Die Verfügung über die gesellschaftlichen Produktionsmittel ist identisch mit der Kompetenz zur Festlegung der gesellschaftlichen Interessen.

2. IRMA REBLITZ

## *Vom modernen Gesicht der Ausbeutung: Gastarbeiter*

(Nach Meinung der Autorin gibt es auch in der BRD Formen der Ausbeutung, die offensichtlich und kraß zutage treten und dennoch keinen massiven Protest hervorrufen, weil Vorurteile, Diskriminierung, verinnerlichte Zwänge und Entpolitisierung unser Bewußtsein abgestumpft haben: die Ausbeutung des Arbeiters, der Frau, der Dritten Welt und die des „Gast"arbeiters.)

Rund 1,6 Millionen ausländische Arbeiter „helfen", den Boom und die Konkurrenzfähigkeit der bundesrepublikanischen Wirtschaft aufrechtzuerhalten, mit dem gleichen Arbeitseinsatz wie ihre deutschen Kollegen, doch für weit weniger Geld. Sie leben und arbeiten bei uns unter fast rechtlosen und vielfach unmenschlichen Umständen und werden dennoch als „Gast"arbeiter bezeichnet – ein Zynismus, auf den sie vorerst nur hilflos reagieren.
Am Arbeitsplatz haben sie nichts zu sagen, sondern dankbar jede Dreckarbeit zu verrichten. Selten werden sie in dem erlernten Beruf eingesetzt, meist nur als Hilfsarbeiter engagiert und also für den geringsten Lohn. Die Aufstiegschancen sind gleich null. Politische Stellungnahme ist ihnen untersagt, gewerkschaftliche Organisierung unerwünscht; an Sozialleistung erhalten sie das Notdürftigste, sofern sie offiziell angemeldet sind. Mit den eigenen Sozialrente- und Versicherungsabgaben finanzieren sie letztlich sogar den deutschen Arbeiter mit, weil sie meist nach wenigen Jahren zurückgehen und die Vergünstigungen also nicht in

Anspruch nehmen. Ihre Familie dürfen sie nur selten nachholen, weil sie dann Zusatzforderungen zu stellen hätten. Ausnahmen gibt es nur, wenn die Frau selber arbeiten geht. Vom Unternehmer werden die „Gastarbeiter" angeheuert oder auch über Schwarzmarkt-Zwischenhändler angekauft wie ein Stück Arbeitsvieh, mit dem sich Lücken stopfen und Schwankungen in der Wirtschaftsentwicklung ausgleichen lassen und das darüberhinaus als Dumping-Ware und Streikbrecher gegen die deutschen Arbeiter eingesetzt werden kann.
Der deutsche Arbeiter verharrt dem ausländischen gegenüber oft in Verachtung, Mißtrauen oder gar Haß, statt sich mit ihm zu solidarisieren und an dessen offenkundiger Ausbeutung die eigene erkennen zu lernen. Er sieht auch nicht, daß die Verelendung im Heimatland, die vielfach durch die imperialistische Politik der Kapitalismuszentren erst verursacht, zumindest aber beschleunigt und verschärft wurde, diese Fremdarbeiter in die BRD treibt.
Die Bundesvereinigung der Deutschen Arbeitgeberverbände sieht das natürlich ganz anders:
„Die ausländischen Arbeitnehmer kommen aufgrund einer freiwilligen Entscheidung als freiwillige Menschen in ein Land mit freiheitlicher Gesellschaftsordnung. Es gibt keine Freiheit ohne Verantwortung ... Wir erwarten deshalb von den Ausländern, daß sie sich selbst um Eingliederung und Anpassung an unsere Verhältnisse bemühen ..."
Darüberhinaus wird der deutsche Arbeiter gegen seinen Kollegen aufgewiegelt durch die fremdenfeindlichen Schauermärchen der Boulevardpresse und der Illustrierten.
„Sie sind feige, dreckig und geil. Sie pöbeln blonde Mädchen an und machen Jagd auf unsere Ehefrauen. Wer sich mit ihnen anlegt, bekommt ein Messer zwischen die Rippen. Sie haben nur Weiber, Vino und Spaghetti im Kopf."
So urteilen deutsche Bundesbürger über die „Gastarbeiter" (s. Konkret v. 24. 3. 69).
Die hiesigen Unternehmer sind interessiert an diesem Mißverhältnis zwischen Arbeiter und Arbeiter, weil dadurch keine Front gegen sie entstehen kann und sie unbehelligt ihrer Ausbeuterarbeit nachgehen können.
Diese beschränkt sich im Falle der „Gastarbeiter" nicht nur auf den Betrieb. Rabiate Ausbeutung geschieht auch über die Beschaffung von Unterkünften, wobei wiederum der angeheizte Fremdenhaß der Bevölkerung begünstigend wirkt:
Die „Gastarbeiter" werden entweder in firmeneigenen Baracken und Notunterkünften untergebracht, in denen sie wie im Gefängnis leben und dementsprechend behandelt werden – die Zwangsarbeiter des Dritten Reiches hatten es nicht viel schlechter. Oder sie sind dem Wucher von Hausbesitzern und „Pensionsbetrieben" ausgeliefert, die oft mit der arbeitgebenden Firma unter einer Decke stecken. Für eine Schlafstelle in der Fabrik wird ihnen DM 37, für einen Holzverschlag DM 100 abverlangt, für einen Raum von 21 qm DM 300, für eine verkommene Münchner Ein-Zimmer-Wohnung, in der dann zwei Familien hausen, DM 650.
Ein interner Bericht des Münchner Amtes für soziale Wohnungsfragen hat inzwischen festgestellt, daß jede irgendwie brauchbare Unterkunft „bis auf Hunde-

hütten" zum Wohnraum erklärt und teuer an ausländische Arbeiter vermietet wird: Kellerräume, Gartenhäuschen, Garagen, Wohnwagen, Baracken, Rumpelkammern.
Der deutsche Unternehmer und Kapitalverwerter gibt sich also nicht zufrieden mit der einfachen Ausbeutung billiger Arbeitskraft; er setzt seine vielgerühmte Initiative und Erfindergabe auch dafür ein, dem ausländischen Arbeiter über die Miete noch das Wenige abzunehmen, was er ihn hierzulande verdienen läßt.

## 3. POLITISCHES NACHTGEBET IN KÖLN

### *Lehrlingsausbildung*

Lehrlinge müssen sich mehr gefallen lassen. Lehrlinge lassen sich mehr gefallen. Hören wir einige pädagogisch gezielte und aufmunternde Worte aus Kölner Betrieben, gesammelt in einer gewerblichen Berufsschule:

5: „Blöder Heini, Gammler, Mistknochen, Dreckspickel, Eierkopp, Scheißfliege, Steppensau." – „Du bist zu blöd, einen Eimer Wasser umzukippen."

7: Rauhe Landsersprache von ganzen Kerlen, damit die halben Kerle auch ganze Kerle werden; und damit aus Lehrlingen ganze Männer werden, zielt man am besten auf den Unterleib:

4: „Bettnässer, Stehwichser, schwules Karnickel, – dich hätten sie besser ins Gebüsch gespritzt, da wärst du ein Laubfrosch geworden."

5: Ein Junge schreibt: „Mein Freund hatte einmal zu lange Haare. Da fragte ihn der Meister, ob er ein Zwitter wäre." Einem anderen fiel es in der Schlosserei schwer, eine Eisenplatte zu heben. Da sagte der Geselle zu ihm: „Das einzige, was du kannst, ist Weiber stemmen."

8: Diese Beschimpfungen erfüllen den Straftatbestand der Beleidigung und der üblen Nachrede. Hinzu kommt: laut Berufsausbildungsvertrag hat sich der Ausbilder ausdrücklich verpflichtet, „dafür zu sorgen, daß der Auszubildende charakterlich gefördert sowie sittlich und körperlich nicht gefährdet wird".

7: Bundesminister Hans Katzer gehört zu den wenigen, die heftig darüber klagen, wie wenig die Lehrlinge im Gegensatz zu höheren Schülern und Studenten im öffentlichen Bewußtsein eine Rolle spielen. Er teilte im Dezember 1968 dem Bundestag mit:

8: „Nach den Jahresberichten der Gewerbeaufsichtsbehörden der Länder sind im Bundesgebiet ... im Jahre 1967 mehr als 46 000 Verstöße gegen das Jugendarbeitsschutzgesetz festgestellt ... und mehr als 2000 Bestrafungen beziehungsweise Verwarnungen ausgesprochen worden."

7: Das Arbeitsgericht in Bielefeld wies am 29. 1. 1969 die Klage des 29jährigen Buchdruckerlehrlings Werner Müntz zurück. Müntz hatte ein Jahr lang Mülleimer geleert, Post geholt und Putzlappen ausgeteilt. Als er sich schließlich weigerte, die Belegschaft auch noch mit Bier und Sprudel zu versorgen, wurde er fristlos entlassen. Das Arbeitsgericht gab dem Unternehmer recht und begründete sein Urteil unter anderem so:

8: „... Der Lehrbetrieb ist aufgrund des Lehrvertrags auch verpflichtet, den Lehrling zu anständigem Verhalten und zur Aufmerksamkeit zu erziehen. Hieraus ergibt sich, daß das Wesen der Ausbildung nicht nur durch das Berufsbild bestimmt wird, sondern auch durch die Vermittlung von Einsichten, die sich aus dem Zusammenleben in der Betriebsgemeinschaft und den berechtigten Belangen des Betriebes ergeben." – Dieses Urteil garantiert:

*Ausbeutung Tag für Tag, gesichert durch den Lehrvertrag*

4: Lehrlingsbefragungen haben ergeben:

5: Lehrlinge kaufen ein, waschen Autos, sägen Holz. Sie streichen an, obwohl sie keine Anstreicher werden wollen. Zukünftige Werkzeugmacher säubern Viehställe, Metzgerlehrlinge pflücken Obst und hacken Brennholz. Mechanikerlehrlinge pflanzen Bäume. Einige lernen auch mauern. Dafür gibt es Einzelhandelslehrlinge, die noch nie verkauft haben ...

4. Doch die Springerzeitung „Welt am Sonntag" weiß am 20. 4. 69 zu berichten: „Lehrlinge sind heutzutage Könige ... Die Lehrlinge rebellieren nicht, sie sind keine billigen Bierholer, das beweist die Praxis."

7: War stimmt nun? Wird der Lehrling ausgebeutet oder ist er König?

4. PETER SCHNEIDER

## *Frauen im Betrieb*

In der Werkhalle wird seit etwa einem Jahr nach einem neuen Verfahren gearbeitet. Das Verfahren ist in Amerika von einer Gruppe von Wissenschaftlern entworfen worden und heißt *MTM (Measurement Time Methods)*. Vertrieben und verkauft wird das Verfahren von der amerikanischen MTM Corporation Directorat, der sich die verschiedenen nationalen MTM-Vereinigungen anschließen. Das Verfahren geht von der Voraussetzung aus, daß es für jeden Arbeitsvorgang ein meßbares Minimum an notwendigen Bewegungen gibt. Für jede dieser Bewegungen wird eine Normzeit konstruiert, die von jedem Menschen der Erde, gleichgültig ob es sich um einen Zwergen oder um einen Riesen, um eine schwangere Frau oder um eine türkische Teppichknüpferin handelt, erreicht werden soll. Bei den ersten Tests über den Bewegungsvorgang „Gehen" ließen die Wissenschaftler Menschen von unterschiedlicher Größe, Gesundheit, Rasse, Alter, Geschlecht, Beweglichkeit usw. im Kreis herumgehen. Die verschiedenen Gänge wurden mit einer Kamera aufgenommen, aus der Zahl der entstandenen Bilder wurde ein Durchschnittswert errechnet und auf eine Grundeinheit bezogen, die den 100 000. Teil einer Stunde darstellt. So bekam man also die Normzeit heraus, die der Normmensch für die von den Unternehmern im übrigen nicht anerkannte Tätigkeit des Gehens benötigt. Auf die gleiche Weise wurden die verschiedenen MTM-Grundbewegungen gemessen und genormt. Die Unternehmer und ihre Wissenschaftler unterscheiden drei Arten von Grundbewegungen:

1. Wirksame Bewegungen, zum Beispiel Hinlangen, Greifen
2. Verzögernde Bewegungen, zum Beispiel Überlegen, Entscheiden, Lesen
3. Unwirksame Bewegungen, zum Beispiel Sich-Unterhalten, Träumen, Aufheben eines heruntergefallenen Teiles.

Als Grundbewegungen gelten: Hinlangen, Greifen, Bringen, Loslassen, Fügen, Trennen, Drücken, Drehen, Kurbeldrehen. Die Blickfunktionen: Anvisieren, Blick-Verschieben, Lesen. Die Körper-, Bein- und Fußbewegungen: Fuß-Bewegen, Seitenschritt, Beugen, Aufrichten vom Beugen, Knien, Sich-Setzen, Sich-Erheben, Körperdrehung, Gehen.
Die Normwerte für diese Tätigkeiten sind als das geeichte Maß aller im Betrieb benötigten menschlichen Bewegungen in einem Panzerschrank in Pennsylvania verwahrt. Die Arbeitsplätze werden auf der Grundlage dieser Normwerte analysiert und eingerichtet. Der ökonomische Vorteil dieser Methode wird in einer Informationsschrift über die Einführung des Verfahrens bei Bosch so beschrieben: „Es wird versucht, alle nicht unmittelbar zum Arbeitsfortschritt beitragenden Bewegungen zu eliminieren." Über den politischen Vorteil des Verfahrens heißt es dort: „MTM verlagert Beschwerdegründe von subjektiven Beurteilungen auf objektive." Damit ist gemeint, daß sich die Frauen nicht mehr wie beim REFA-Akkord über den Zeitnehmer wegen zu scharf genommener Zeiten beschweren können, da die Verschärfung des Arbeitstempos nun „wissenschaftlich fundiert" und unangreifbar sei. Ich habe mir einmal die Arbeitsanweisung für beide Hände bei einer Maschinenpresse abgeschrieben: 1. Deckel in Vorrichtung legen. 2. Gummierung in Deckel legen. 3. Drücker in Deckel legen. 4. Große Feder in Drücker stecken. 5. Kontaktscheiben auf Drücker stecken. 6. Scheibe auf Drücker stecken. 7. Kleine Feder auf Drücker stecken. 8. Gehäuse auf Feder aufsetzen. 9. WUZ-Schieber unter Stempel schieben. 10. Bördeln. 11. WUZ-Schieber zurückziehen. 12. Fertigteile ablegen.
Diese oder ähnliche Arbeitsabläufe werden von den Frauen beidhändig zwischen 2000 und 5000 Mal am Tag ausgeführt. Das heißt in der Unternehmersprache: „Die menschliche Eigenschaft, Gewohnheiten zu bilden, sollte gefördert werden." In Wirklichkeit besteht das Neue an dem Verfahren darin, daß unter dem Vorwand ganz geringfügiger und billiger Änderungen des Arbeitsplatzes die Normen verdoppelt und verdreifacht werden und zwar auch an den Maschinen, an denen gar nichts geändert wurde.
Ein paar Mal stellte ich an die Frauen die Frage, was sie während der Akkordarbeit denken und was in ihren Köpfen vorgeht. Die meisten wußten auf meine Frage nichts zu antworten, nur, daß man gar nichts denkt und manchmal halb verrückt wird. Bei den jungen Frauen sieht man, daß ihr Widerstand von der Maschine noch nicht gebrochen ist. An der Kraft und Wut ihrer Bewegungen erkennt man den

achtstündigen Kampf, den sie um ihre körperliche und psychische Selbständigkeit führen. Ihr Körper hat gleichsam noch einen eigenen Rhythmus, den sie dem der Maschine entgegensetzen. Bei den älteren Frauen, die schon 10–20 Jahre an der Maschine sitzen, ist es anders. Die Maschine hat ihre Körper unterworfen, ihre Gesichter gefaltet, ihre Hände wehrlos gemacht. Eine Zeitlang kreisen ihre Gedanken vielleicht um das Essen, das sie kochen, wenn sie nach Hause kommen, den Einkauf, das Saubermachen. Den größten Teil der Zeit aber rast der Maschinenlärm durch ihren wehrlosen Kopf, treibt sie zurück zu längst vergangenen Gewohnheiten und Wünschen. Amerikanische Versuche haben gezeigt, daß die Akkordarbeit am schnellsten und besten ausgeführt wird, wenn das Bewußtsein der Arbeiter durch Musik ausgeschaltet wird. Es handelt sich also um eine Art der Arbeit, die gerade nicht die Mitwirkung, sondern den Stillstand bzw. die Verselbständigung der psychischen Tätigkeit verlangt. Man kann sich vorstellen, was für eine Gewalt die alten Verhaltensformen, die anerzogenen Sauberkeitszwänge und Familienrituale dadurch bekommen, daß die Maschine die psychischen Bewegungen der Frauen ständig auf ihren Ausgangspunkt zurückwirft. *Die Akkordmaschinen sind regelrechte Regressionsinstrumente,* und in jeder Gesellschaft, gleichgültig, ob sie eine kapitalistische oder eine sozialistische Produktionsweise hat, würden bei gleicher Arbeitsweise die Menschen an ihre Vergangenheit gefesselt. Akkordarbeit ist immer unsozialistisch, da sie die *Herrschaft der Maschine über den Menschen durchsetzt* und den menschlichen Rhythmus unterdrückt.

### 5. ERKLÄRUNG VON 15 KATHOLISCHEN BISCHÖFEN AUS SÜDAMERIKA

Die Kirche hat nur einen Gatten, das ist Christus. Sie ist niemals mit irgendeinem System verheiratet, am wenigsten aber mit dem „internationalen Imperialismus des Geldes" (Pop. Prog.). Sie war auch nicht identisch mit der Monarchie oder dem Feudalismus des Ancien régime, und sie wird es morgen nicht sein mit diesem oder jenem Sozialismus ...

Wir haben uns selbst die Pflicht aufzuerlegen, unsere Situation in diesem Punkte einer ernsthaften Prüfung zu unterziehen und die Kirche von jeder Knechtschaft durch die internationale Großfinanz zu befreien. „Man kann nicht Gott dienen und dem Mammon."

Die Kirche ist keineswegs die Schützerin des Großbesitztums. Sie fordert mit Johannes XXIII., daß der Besitz unter alle verteilt wird, denn der Besitz hat von Anfang an eine soziale Bestimmung (Mater et magistra 389–391).

Die Kirche hat bestimmten Notwendigkeiten für gewisse materielle Fortschritte Rechnung getragen, als sie den Kapitalismus mit seinem Kreditsystem und anderen Methoden tolerierte, die der Ethik der Propheten und des Evangeliums wenig entsprechen. Aber sie kann sich nur freuen, wenn sie in der Menschheit ein anderes soziales System erscheinen sieht, das weniger weit von dieser Ethik entfernt ist. Gemäß der Initiative von Paul VI. werden die Christen von morgen solche

ethischen Werte wie Solidarität und Brüderlichkeit auf ihre wahren christlichen Quellen zurückzuführen haben, aus denen sie sich speisen. Die Christen haben die Aufgabe zu zeigen, welches der wahre Sozialismus ist, nämlich das Christentum im umfassenden Sinne, in der gerechten Teilung aller Güter und fundamentaler Gleichheit (Intervention von Patriarch Maximos 28. 9. 1965).
Im Innern jeder Nation haben die Arbeitenden das Recht und die Pflicht, sich in Syndikaten zu vereinigen, um ihre Rechte zu fordern und zu verteidigen: gerechter Lohn, bezahlter Urlaub, soziale Sicherheit, familiengerechte Wohnungen, Beteiligung an der Unternehmensführung. Es genügt nicht, daß diese Gesetze auf dem Papier anerkannt werden. Diese Gesetze müssen angewandt werden, und die Regierungen müssen auf diesem Gebiet ihre Gewalt im Dienste der Arbeitenden und der Armen ausüben. Wie Christus durch seine Auferstehung die Menschheit vom Tode befreit, so führt er alle menschlichen Befreiungen zu ihrer ewigen Erfüllung.

# VERFASSER- UND QUELLENNACHWEIS

*Amery, Carl,* geb. 1922, kath., freier Schriftsteller
Text aus: C. Amery, Die Kapitulation oder Deutscher Katholizismus heute, rororo aktuell 589, © Rowohlt Taschenbuch Verlag, Reinbeck 1963, S. 21–23. Der Text ist gekürzt.

*Bensberger Kreis,* Zusammenschluß deutscher Katholiken, 1966 in Bensberg bei Köln entstanden. Setzt sich mit Fragen auseinander, die für Kirche und Gesellschaft von Belang sind (Ostpolitik, Demokratie, Erneuerung der Strukturen der Kirche), um Konsequenzen aus den Appellen des II. Vatikanums zu ziehen
Text aus: Demokratisierung der Kirche in der Bundesrepublik Deutschland. Ein Memorandum deutscher Katholiken, M. Grünewald-Verlag, Mainz 1970, S. 89–93

*Bloch, Ernst,* geb. 1885, vertritt als Philosoph einen undoktrinären Marxismus, steht in ständigem Gespräch mit christlichen Theologen, mußte 1933 aus Deutschland emigrieren, 1949 Ruf nach Leipzig, wurde 1956 von den Behörden der DDR als Professor abgesetzt, lebt seit 1961 in der BRD
Text aus: E. Bloch, Atheismus im Christentum, Suhrkamp, Frankfurt/M. 1968, S. 170 f.

*Böckle, Franz,* geb. 1921, katholischer Theologe, Professor für Moraltheologie in Bonn
Text aus: Diskussion zur „politischen Theologie", hrsg. von Helmut Peukert, Matthias-Grünewald-Verlag, Mainz 1969, S. 182 f.

*Brecht, Bertolt,* 1898–1956, einer der bedeutendsten marxistischen Dichter und Dramatiker des 20. Jahrhunderts
Texte aus: Bertolt Brecht, Das Wiedersehen, in: Ges. Werke Band 12, edition suhrkamp, Frankfurt 1967, 383. Ders., Was ein Kind gesagt bekommt, in: Ges. Werke Band 9, edition suhrkamp, Frankfurt 1967, 585

*Dahrendorf, Ralf,* geb. 1929, Professor für Soziologie, Staatssekretär, entwickelte eine Theorie des sozialen Konflikts, befaßte sich mit polit. Soziologie und mit Fragen der Bildungsreform
Text aus: R. Dahrendorf, Gesellschaft und Demokratie in Deutschland, R.-Piper-Verlag, München 1968, 328–330 (i. A.)

*Döpfner, Julius,* geb. 1913, seit 1958 Kardinal, seit 1961 Erzbischof von München und Freising

*Dietzfelbinger, Hermann,* geb. 1908, Landesbischof der evangelischen Kirche in Bayern
Text aus: Das Gesetz des Staates und die sittliche Ordnung, Zur öffentlichen Diskussion über die Reform des Eherechts und des Strafrechts. Gütersloher Verlagshaus Gerd Mohn und Paulinus-Verlag Trier 1970, S. 11–13

*Erklärung von 15 katholischen Bischöfen,* ein Plädoyer für die Dritte Welt, formuliert von südamerikanischen und anderen Bischöfen, die während des II. Vatikanums durch gemeinsame Interventionen hervorgetreten sind

Text aus: T. Rendtorff / H. E. Tödt, Theologie der Revolution. Analysen und Materialien, edition suhrkamp Nr. 258, Frankfurt 1968, 158–163 (i. A.)

*von Galli, Mario,* kath., Journalist und Theologe, Jesuit, bekannt durch zahlreiche Rundfunk- und Fernsehreportagen
Text aus: Gelebte Zukunft: Franz von Assisi, Verlag C. J. Bucher, Luzern und Frankfurt/M. 1970, S. 186–89

*Giesecke, Hermann,* Professor an der Pädagogischen Hochschule in Göttingen
Text aus: H. Giesecke, Didaktik der politischen Bildung, Juventa Verlag München, 1968[3], S. 93–98

*Greinacher, Norbert,* geb. 1931, kath., Professor für Liturgiewissenschaft und praktische Theologie in Tübingen
Text aus: N. Greinacher / K. Lang / P. Scheuermann (Hrsg.), In Sachen Synode. Vorschläge und Argumente des Vorbereitungskongresses, Patmos-Verlag, Düsseldorf 1970, 13–15

*Hazel, Hazel E.,* geb. 1945 in London, studierte Germanistik und Soziologie in Köln und Berlin
Text aus: Hazel E. Hazel, Unwissenschaftliche Betrachtungen eines weiblichen Monsters, in: Kursbuch 17 (Frau, Familie, Gesellschaft), Suhrkamp-Verlag, Frankfurt 1969, 47–51 (i. A.)

*Horkheimer, Max,* geb. 1895, Philosoph und Soziologe, Mitbegründer der sogenannten Frankfurter Schule und Schöpfer der „Kritischen Theorie" der Gesellschaft
Text aus: M. Horkheimer/Helmut Gumnior, Die Sehnsucht nach dem ganz Anderen. Ein Interview mit Kommentar, Furche-Verlag, Hamburg 1970 (Band 97 der Stundenbücher), S. 59–62; 66–73

*Huffschmid, Jörg,* geb. 1940, studierte Philosophie und Nationalökonomie, ist Assistent am Institut für Konzentrationsforschung an der FU Berlin
Text aus: J. Huffschmid, Die Politik des Kapitals. Konzentration und Wirtschaftspolitik in der Bundesrepublik, edition suhrkamp Nr. 313, Frankfurt 1969, 134–135

*Kennedy, John Fitzgerald,* geb. 1917, ermordet 1963, Abgeordneter der Demokratischen Partei, von 1961 bis 1963 35. Präsident der Vereinigten Staaten. Setzte für die amerikanische Politik neue Maßstäbe
Text (II, 8) aus: J. F. Kennedy, Zivil-Courage (Profiles in Courage), Econ-Verlag, Düsseldorf/Wien 1964, 32–33. Text (IV, 2) aus: H. R. Schlette/I. Hermann, Revolution der Vernunft. Philosophie des Politischen bei John F. Kennedy, Kösel-Verlag, München 1966, 54–57

*„Kölner Thesen"* zum Religionsunterricht, erarbeitet 1970 von einer Kommission des Verbandes katholischer Religionslehrer an den Höheren Schulen Nordwestdeutschlands.

*Kuhn, Reinhard,* Fachleiter am Studienseminar Hamburg
Text aus: Welt der Politik, Verlag M. Diesterweg, Frankfurt am Main 1971[4], S. 8–10

*Maier, Hans,* geb. 1929, Professor für politische Wissenschaften an der Universität München, z. Zt. bayrischer Kultusminister, Kritiker der politischen Theologie von Metz
Text aus: Diskussion zur „politischen Theologie", hg. von Helmut Peukert, Matthias-Grünewald-Verlag und Ch. Kaiser Verlag, Mainz und München 1969, S. 5–8

*Marsch, Wolf-Dieter,* geb. 1928, ev., Professor für Christliche Gesellschaftswissenschaft an der Universität Münster i. W.

Text (IV, 3) aus: W.-D. Marsch, Art. Demokratie, in: Weltkirchenlexikon, 1960, Spalte 262 Kreuz-Verlag, Stuttgart
Text (II, 9) aus: W.-D. Marsch, Die Freiheit erlernen, Reihe „Theologia publica", Bd. 6, Walter Verlag Olten/Freiburg i. Br. 1967, S. 90–97

*Mazzi, Don Enzo,* Pfarrer der „Communità dell' Isolotto", einer Arbeitergemeinde in einem Vorort von Florenz. Gemeinde und Pfarrer weisen in ihrem Katechismus neue Wege der Katechese für Kinder, worin sie die unheilvolle Trennung von Lehre und Leben durch neue theologische, didaktische und methodische Impulse zu überwinden suchen
Text aus: Die Botschaft Jesu im Isolotto. Der Katechismus des Don Mazzi, Matthias-Grünewald-Verlag und Chr. Kaiser Verlag, Mainz und München 1969, 25–28 (i. A.)

*Metz, Johann Baptist,* geb. 1928, kath. Theologe, Professor für Fundamentaltheologie in Münster i.W., vertritt eine „politische Theologie"
Text aus: Zur Theologie der Welt, Matthias-Grünewald-Verlag, Mainz 1968, S. 99–106

*Mohr, Hans,* geb. 1930, seit 1960 Professor für Biologie an der Universität Freiburg, arbeitet bes. auf dem Gebiet der Molekularbiologie
Text aus: Möglichkeiten und Grenzen der Zukunftsforschung, Weltgespräch 10, Herder, Wien/Freiburg 1970, S. 23 ff. (i. A.)

*Moltmann, Jürgen,* geb. 1926, evangelischer Theologe, Professor für systematische Theologie an der Universität Tübingen
Text aus: Kirche im Prozeß der Aufklärung, hg. von Johann Baptist Metz, Jürgen Moltmann, Willi Oelmüller; Autor: Jürgen Moltmann, Theologische Kritik der politischen Religion, Chr. Kaiser Verlag und Matthias-Grünewald-Verlag, München und Mainz 1970, S. 49–51

*Pannenberg, Wolfhart,* geb. 1928, evang. Theologe, Professor für systematische Theologie in München
Text aus: W. Pannenberg, Geschichtstatsachen und christliche Ethik, in: H. Peukert (Hg.), Diskussion zur „politischen Theologie", Matthias-Grünewald-Verlag und Chr. Kaiser Verlag, Mainz und München 1969, 240–241

*Politisches Nachtgebet in Köln,* ein ökumenischer Arbeitskreis, im Oktober 1968 durch die Initiative von Dorothee Sölle und Fulbert Steffensky entstanden
Text aus: Politisches Nachtgebet in Köln Bd. 2, hg. von D. Sölle und F. Steffensky, Kreuz-Verlag/M.-Grünewald-Verlag, Stuttgart/Mainz o. J. (1971), 125–128

*Reblitz, Irma,* Mitarbeiterin der Regionalredaktion Köln der Zeitung „Kritischer Katholizismus"
Text aus: Kritischer Katholizismus, Zeitung für Theorie und Praxis in Gesellschaft und Kirche; Pahl-Rugenstein Verlag, Köln, Jg. 3, Nr. 4, April 1970, S. 3–4

*Sartory, Thomas,* geb. 1925, kath., Schriftsteller und Ökumeniker, laisierter Benediktiner
Text aus: Utopie Freiheit, Verlag J. Pfeiffer, München 1970, S. 15–19

*Schillebeeckx, Edward,* geb. 1914; Berater des holländischen Episkopates beim 2. Vatikanischen Konzil; seit 1958 Professor für Dogmatik an der Universität Nymwegen
Text aus: Gott – die Zukunft des Menschen, Matthias-Grünewald-Verlag, Mainz 1969, S. 133–137

*Schneider, Peter,* geb. 1940; lebt in Westberlin, Schriftsteller
Text aus: Die Frauen bei Bosch, in: Kursbuch 21 (Kapitalismus in der Bundesrepublik), Kursbuch-Verlag/Wagenbach, Berlin 1970, S. 96–100 (i. A.)

*Sölle, Dorothee,* geb. 1929, evangelisch, Germanistin und Theologin, Dozentin in Köln
Text aus: D. Sölle, Phantasie und Gehorsam. Überlegungen zu einer künftigen christlichen Ethik, Kreuz-Verlag, Stuttgart 1968, 67–69

*Storch, Karin,* geb. 1949, Journalistin, erhielt für ihre unkonventionelle Abiturrede die Heuss-Medaille. Das Thema der Rede: Erziehung zum Ungehorsam als Aufgabe einer demokratischen Schule
Text aus: Christ und Welt, Nr. 2/68 XXI. Jahrgang

*II. Vatikanisches Ökumenisches Konzil* (1962–1965)
Text aus: Pastoralkonstitution „Die Kirche in der Welt von heute" (Gaudium et spes), Nr. 36, Lexikon für Theologie und Kirche, Das Zweite Vatikanische Konzil III, Herder, Freiburg – Basel – Wien 1968, S. 385–389

*Vierzig, Siegfried,* Pfarrer, Leiter des Pädagogisch-Theologischen Instituts der Evang. Kirche von Kurhessen-Waldeck in Kassel
Text aus: S. Vierzig, Religion und Emanzipation, in: informationen 2 (1970) H. 3+4, 4–7 (i. A.)